筑摩選書

大澤真幸 編著
Ohsawa Masachi

憲法9条とわれらが日本

未来世代へ手渡す

憲法9条とわれらが日本　目次

第三章　我ら愚者の民主主義　九条削除論と戦後日本の欺瞞

井上達夫×大澤真幸

第四章　「こうしよう」と言える日本　憲法九条と積極的中立主義

※本文中の註は編集部が作成した。

憲法9条とわれらが日本

未来世代へ手渡す

まえがき

大澤真幸

「亡《ほろ》びるね」と言った。……夏目漱石の『三四郎』に、主人公の三四郎が、熊本から東京へと向かう汽車の中で出会った髭の生えた仙人ふうの男にこう言われて、びっくりする有名な場面がある。日本が日露戦争で勝ったすぐ後の頃である。三四郎が「これからは日本もだんだん発展するでしょう」などと気軽に言ったことに対する、髭の男の回答が、この「亡びるね」だ。このとき三四郎は、男に名前も聞かないのだが、後に彼が広田先生であったことを知る。広田先生は、「亡びるね」発言のすぐ前には、日本が自慢できるものといったら富士山くらいしかないが、富士山は「天然自然に昔からあったもの」であって「我々がこしらえたもの」ではないのだから、それが日本人としての自信の根拠にはならないといった趣旨のことも語っている。

このまま行けば日本は亡びるね。この予言は、三四郎が広田先生と東海道本線の汽車に乗り合わせた一世紀以上前よりもいっそう、現在において真実である。私はそう思うし、同じ思いを共有している人は少なくないだろう。実際、三島由紀夫は、半世紀近く前の戦後二五年にあたる年に、つまりは自刃の四カ月ほど前にこう書いている。

私はこれからの日本に大して希望をつなぐことができない。このまま行つたら「日本」はなくなつてしまふのではないかといふ感を日ましに深くする。日本はなくなつて、その代はりに、無機的な、からつぽな、ニュートラルな、中間色の、富裕な、抜目がない、或る経済的大国が極東の一角に残るのであらう。それでもいいと思つてゐる人たちと、私は口をきく気にもなれなくなつてゐるのである。(「私の中の二十五年」)

広田先生は富士山しかないと嘆き、三島は天皇しかないとして自衛隊の駐屯地に走ったわけだが、私は言いたい。我々には憲法が、憲法九条があるではないか、と。九条こそが、日本が亡びないための最後の鍵である。仮に、将来、なんらかのかたちで九条を書き換えるにしても、九条において提起されている主題を徹底的に考えぬき、引き受けることだけが、「日本」がなくならないための条件である。

日本国憲法については、「我々がこしらえたもの」かどうかということについて、さまざまな議論がある。憲法が、占領軍がいて日本が主権をもっていないときに創られたことは確かである。しかし、そのことは重要なことではない。

それよりも、驚異的なのは次のことである。九条の文字通りの内容は、世界史に類例がなく、とうてい普通の国家の憲法の条項とは思えないこと、これは押し付けられたものだと主張する人が常にいたこと、そして何より、自衛隊があり日米安保条約があり、九条が字義通りに実行されているようには見えないこと、また、戦後七〇年の間に何度も、海外に派兵できた方が都合がよいと思える情勢があったこと、憲法を日本に与えたとされている「アメリカ」でさえも今では日本の憲法の九条がない方がよいと思っていること、これらすべては、九条をさっさと変えたり、放棄したりした方がよいということを含意している。それなのに、日本人はそうせず、あるいはそうすることができず、九条に執着し、同じような議論を繰り返してきたのだ。これこそ驚きではないか。つまり、日本人は自分でもよく自覚できていない衝動によって九条に執着し、九条に魅了され、これを異様な努力によって維持してきたのである。九条は、日本人にとって「こしらえたもの」以上である。戦後の日本人は九条を、ほとんどそれだけを拠《よ》り所としてきたのだ。

日本が亡びないための鍵は九条が提起している主題を引き受けることにある、と述べたのはこのためである。どうして九条がこれほど特別な価値をもったのか。それは、日本が実際に一度亡びたからではないか。広田先生の予言は、およそ四〇年後に的中し、実際に、日本は総力戦に完膚なきまでに敗れ、ほとんど亡びた。この敗北を通じて獲得した「よきもの」、ただ一つのよきものが、憲法九条だったのではないか。九条を忘れれば、日本人は敗北の時点に差し戻され、二度目のほんとうの滅亡を体験することになる。

しかし、これほど重要なことであるにもかかわらず、憲法九条をめぐる一般の議論はあまりにも浅い。九条があった方が得だ（あるいはないほうが得だ）とか、せいぜい「喧嘩はよくない」（あるいは「ボスと一緒に喧嘩をすべき」）とかといったレベルの議論が中心である。それは、「無機的な、からっぽな、ニュートラルな、中間色の、富裕な、抜目がない」人の議論だ。「亡びるね」の後、広田先生は三四郎に続けて言う。「熊本より東京は広い。東京より日本は広い。日本より……」で少し間をおいて、「日本より頭の中のほうが広いでしょう」と。さらに広田先生は付け加える。「とらわれちゃだめだ。いくら日本のためを思ったって贔屓の引き倒しになるばかりだ」と。今のところ、九条をめぐる議論の主流は、「贔屓の引き倒し」の範囲に留まっている。日本を思い、九条のことを考えるならば、九条を、日本より広い頭の中に置かなくてはならない。

私は本書で、中島岳志さん、加藤典洋さん、井上達夫さんに、憲法九条について質問し、それぞれの論者の考えを引き出している。なぜこの三人なのか。憲法学者に関しては、すでに私は若手の俊英木村草太さんと一度対談をさせてもらっている。今回は、憲法を外側から対象化したかったので、憲法そのものが専門ではない方々の見解をうかがった。それにしても、どうしてこれらの方々なのか。

三人の方々は、九条にどう向かい合うべきかについて、たいへんはっきりとした考えをもっている。結論はすべて違う。ただ、どの意見も、通り一遍の「護憲／改憲」の枠には収まらない。そして何よりも、各論者はきわめて深い論拠に基づいて、それぞれの九条論を展開している。まさに、日本より広い頭の中での自由な議論である。いずれも非常に説得的である。本書に登場する三人は、こうした深みにおいて九条について考えている、ごく少数の論者の中に含まれる。

私が質問者になっているのは、そうした方がそれぞれの論者の見解を分かりやすく読者に伝えることができるからである。どの論者も、著書や論文やネットで、自分の考えを発表しているが、私の質問を媒介にした方が、より明快に伝わったはずだ。どの論者も、頑固で分かりの悪い私を納得させなくてはならないからだ。私は特に論拠についてうるさく質問し、それぞれの論者の結論がいかに深い考察の上に築かれているかを明らかにしたつもりだ。

最後に、ただ質問しているだけでは無責任なので、私自身の考えを論じている。自分にインタヴューすることはできないので、これは筑摩書房の会議室でなされた講義である。幸い、聴講した編集者たちの質問が実に鋭かったので、講義後の質疑応答をそのまま採録した。

一般に流布している護憲論と改憲論のどちらも腑に落ちない人は、是非、本書を読んでほしい。繰り返すが、ここには、日本が亡びないための鍵がある。

第一章

「脱亜入欧」から「脱米入亜」へ

九条の精神と、これからの保守主義

――中島岳志×大澤真幸

中島岳志　なかじま・たけし

一九七五年生まれ。京都大学大学院アジア・アフリカ地域研究研究科博士課程修了。博士（地域研究）。現在、東京工業大学教授。南アジア地域研究、近代政治思想史を専攻。著書に『中村屋のボース』（白水ブックス）、『ナショナリズムと宗教』（文藝春秋ライブラリー）、『朝日平吾の鬱屈』（筑摩書房、双書Ｚｅｒｏ）、『秋葉原事件加藤智大の軌跡』（朝日文庫）、『「リベラル保守」宣言』（新潮社）、『血盟団事件』（文藝春秋）、『岩波茂雄――リベラル・ナショナリストの肖像』（岩波書店）、『アジア主義――その先の近代へ』（潮出版社）、『下中彌三郎――アジア主義から世界連邦運動へ』（平凡社）ほか多数。

中島岳志さんの九条改正案……大澤真幸

中島岳志さんは、九条に自衛隊のことを明記し、自衛隊が何をしてよいのか、してはならないのかを規定すべきである、と主張している。現在の憲法には自衛隊については何も書かれていない。自衛隊は、憲法が作られたときには想定されていなかった組織であり、これと憲法との関係はあいまいである。自衛隊の存在そのものを違憲とする立場すらある。そのため、「集団的自衛権」を含めて、自衛隊が何をしてもよいのかについては、さまざまな解釈が可能になり、結果として、立憲主義と平和主義がないがしろにされてきた。こうしたことが起こらないようにするためには、自衛隊の存在を憲法の中で承認し、その上で、これが何のための組織であり、何をすべきか（してはならないのか）を規定したほうがよい。これが中島さんの主張である。さらにその根拠には、中島さんの保守主義の思想がある。

中島さんは、かつて（二〇〇九年）は、九条を当面戦略的に保持し、将来的に右記のように改正すべきである、と語っていたが、もはや戦略的な保持は無効である、と現在は考えている。かつては、九条が、米国に対して「ノー」を突きつける根拠となり、日本の主権を担保する機能を果たしていたが、集団的自衛権の行使まで認めてしまった現在は、九条のそうした機能も失われているからである。

1 保守思想とは何か

大澤　中島さんはご自分のことを「保守主義」者だと規定されていますが、僕の印象で言うと、日本でいま普通に「保守派」と言われる人たちとはかなり違っています。そのせいか、憲法にたいする考え方も、いわゆる「保守派」の主張とは相当、異なる点があるようです。そこでまず、保守とはどういう思想であるのか、ご説明いただけないでしょうか。

中島　「保守」にもいろいろな定義がありますが、まずはカール・マンハイム[1]の議論から入るのが分かりやすいかと思います。

1——カール・マンハイム Karl Mannheim（1893－1947）ハンガリー生まれのドイツの社会学者。知識社会学の創始者として知られ、『イデオロギーとユートピア』などの著作がある。

保守というと、一般的には変化を嫌うという、人間のある普遍的な属性として捉えられるわけです。たとえば、隣に知らない人が引っ越してきて不安に思うとか、はじめて行く国の飛行場に降り立ってドキドキするといった経験は誰しも持っていると思いますが、それが保守主義なのであれば、すべての人類が保守主義者ということになってしまう。

しかしそれは、ある普遍的な保守性であって、保守主義とは区別する必要があります。マンハイムによれば、保守主義というのは、時代が近代になって、それに対するリアクションとして出てきた思潮の一つです。フランス革命に対するリアクションとして出てきた一潮流であって、非常に近代的な要素をもっています。その原点にあるのが、エドマンド・バーク[2]の『フランス革命についての省察』です。バークは懐疑主義的な人間観の持ち主で、人間の理性によって社会がよき方向へと導かれ、あるクライマックスへと到達するという、そういう社会ビジョンに疑念を抱いていました。まさにそれは、フランス革命に影響を与えた啓蒙主義の考え方であって、バークはそのような思想に反発したわけです。

バークにとって理性とは無謬の存在ではなく、つねに間違いうるものです。その背景には人間に対する二つの見方があります。一つは倫理的な不完全性で、聖職者であろうと、どれだけ善良な人であろうと、他人をやっかんだりねたんだりするというエゴイズムから免れ得ず、完全に倫理的な存在にはなり得ないというもの。もう一つは知的な不完全性で、いくら頭のよい人でも世界全体を見通すことはできないというもの。理性がこのようなものであるなら、理性に全面的に依拠するよりも、理性を超えた英知に依拠したほうがいいのではないか。バークはそう考えました。

では、理性を超えた英知とは何かというと、歴史の風雪に耐えて結晶化した暗黙知、つまり伝統や慣習、良識にほかなりません。バークにとって、神という形而上学的な絶対者が非常に重要で、我々はつねに誤り得るという原罪を負っているという人間観も、ここから来ています。

我々は不完全な存在なのだから、そういう人間によって構成された社会もまた、完全ではあり得ません。とすれば、保守主義は何に依拠すればいいのか。過去のよき時代へ回帰すればいいとする「復古」はどうか。どのような栄光の時代であろうと、人間はつねに間違いうる存在ですから、いかなる時代にも何らかの問題があるはず。ですから保守主義は、「復古」に依拠することをよしとしません。

ならば、その時代において主流をなす勢力へのアンチを主張する「反動」はどうか。「反動」は変化を退け、現状の制度やしくみに固執します。しかしその時代を生きる人間もまた不完全であるがゆえに、そこにも綻《ほころ》びが生じ得るため、保守主義は「反動」を抱きしめるこ

2――エドマンド・バーク　Edmund Burke（1729－97）イギリスの政治家、政治思想家。主著『フランス革命についての省察』は、保守主義の古典として知られる。

ともできない。とするなら、「進歩」はどうか。いまはまだ不完全な存在であっても、遠い未来に人間はその不完全性を克服し、社会もまた完全な存在となるのではないか。いや、それも疑わしい。保守主義はそう考えます。

こうして保守主義は「復古」「反動」「進歩」の、いずれをも斥《しりぞ》けます。しかし、だからといって、何も変わる必要はないと考えているわけではありません。伝統や慣習、良識に依拠しながら、我々が保守すべきもののために徐々に物事を変えていく。漸進的な改革。保守するための改革。永遠の微調整。それが保守主義の立場だと思うんですね。

大澤 なるほど、保守主義は「復古」でもなければ、「反動」でも「進歩」でもないわけですね。「〜でない」という否定を通じて、とても明快にご説明いただきました。

僕の理解では、遠い未来においてよき社会が到来するというビジョンがあって、変化が常態化している社会において、保守主義という思想もはじめて、存在意義を獲得する。逆に言えば、まったく変化しないことが規範化されているような社会で保守主義と言っても、ほとんど意味がない。近代のように、つねに変化している社会では、その変化にどう対峙するかが重要なポイントで、さまざまな政治思想は、変化への態度の取り方で決まってきます。保守主義の場合、変化を全否定して過去を理想化すること（復古）も、逆に変化をあえて強め、社会は必ず進化すると楽観視すること（進歩）も、どちらも拒否します。もちろん、同時代における支配的な体制をただ純粋に否定するという戦略（反動）でも駄目です。とすると、保守主義が積極的に依拠するのは何なのかが、改めて気になります。中島さんの今のお話で言えば、それは伝統や慣習、良識ですね。

保守主義にとって重要なポイントは、人間の限界への痛烈な自覚です。認識能力の点でも倫理の点でも、人間には限界がある、と。そうであるがゆえに、誰のものともいえない、歴史的に蓄積されてきた暗黙知である伝統や慣習や良識に依拠するのがよい、ということになってくるわけです。では、その人間の限界についての自覚がどこから来るのか、ということが興味深いところです。もともとヨーロッパの場合、全知全能の存在としての神への信仰がありますね。それとの関係で、人間には限界があるという観念が昔からあったと思うんですね。神という虚焦点を仮構し、そこから人間の限界を照らし出すという構図があった。それと対比したとき、現代日本で、この神に相当するのは何でしょうか。

中島　とても難しいですね。おっしゃるように、神のような絶対者は保守にとって非常に重要な存在です。そして日本の保守にとって、非常にやっかいな問題であり続けるのが、この絶対者という問題です。福田恆存《ふくだつねあり》3はそのことにかなり自覚的で、「現在」というものが完成

3——福田恆存（1912－94）評論家、翻訳家、劇作家、演出家。『近代の宿命』『人間・この劇的なるもの』などの著作がある。シェイクスピアの訳業でも知られる。

することは絶対にない、なぜなら我々は神ではないからだ、と繰り返し述べています。非常に二元論的な発想ですが、日本にはこうした絶対的な観念があまりないために保守主義が成立しにくいという事情があります。日本の保守思想にとって、これがアポリアとなっています。

もう一つ「絶対者」とともに重要なのが「死者」という存在です。保守にとって「死者との対話」は欠かすことができません。膨大な歴史の暗黙知の中に自己を置き、その能力の限界を深く嚙みしめることが重要です。死者を想起することによって、自らの能力への過信を戒め、謙虚な姿勢で過去の経験を継承することが、保守の価値の根本にあると思います。

大澤　突き詰めれば保守主義は絶対者を必要とするというのは興味深いお話ですね。と同時に、絶対者の観念に乏しい日本のような社会では、保守主義はアポリアを抱え込まざるを得ない。この点については、後ほど改めて、憲法との関係で質問をさせてもらえたらと思います。

2　「未来の他者」と保守主義

大澤　中島さんのお話をうかがって、以前、中島さんがあるシンポジウムで、こんな話をされていたのを思い出しました。民主主義についての話です。我々は不完全な存在なので、現世代だけで最もよいことが決められると思ってはいけない。現在の世代だけで決めたことを絶対化することは、まことにおこがましいことだ。民主主義というものも、現在の世代をこえた民主主義、つまり過去の世代や未来の世代を含む民主主義ということを考えなくてはいけない、ということを中島さんは話されました。それが非常に印象的でした。

とはいえ保守主義にとって、まだ訪れていない未来よりもすでに去っていった過去のほうが重要な意味をもっているように思えます。保守主義においては、一人ひとりは不完全な存在であっても、先人たちが集合的に積み重ねてきた知恵を参照したほうが、個々人の理性に依拠するよりもずっといいと考える。このように考えるとき、「今いない世代」として、主として過去の世代が念頭に置かれています。過去の世代は、確かに、ここに現前していないとはいえ、いわば現在完了形のようなかたちで、間接的に存在しています。具体的には、慣習だとか、伝統だとか、蓄積されてきた法や制度とかが、「存在していた」というかたちで現在完了形化した、われわれの共同体の祖先の意志の表現です。これが、中島さんが先ほど言われた死者ということですね。慣習などの蓄積された暗黙知を尊重することで、現在の私たちは、過去のすでに死んでしまった祖先たちを私たちの民主主義に招き入れることができる。

では、もうひとつの不在の他者、未来の他者はどうなるのでしょうか。未来の他者は、現在完了形として間接的に存在することさえない。つまり、「存在していた」という痕跡すらないので、不在の度合いは、過去の世代や死者よりも大きいわけです。未来の他者は、どのように民主主義に招き入れることができるのか。とくに、これから憲法のことを話題にするので、この問いは重要です。日本国憲法もそうですが、しばしば、憲法は、通常の法のようには簡単には変えられなくしてありますね（硬性憲法）。これも、将来世代――僕自身は「未来の他者」という言い方をしています――という問題と関係があります。現世代の判断は絶対ではないのですから、現在の軽はずみな変更で、将来世代に影響を及ぼすのを避けているわけです。憲法では、とりわけ、未来の世代ということが重要な主題となります。しかし、憲法だけではありません。原発や環境破壊といった、いま我々が直面している幾つかの問題は、現在生きているわれわれよりも未来の他者に深刻な影響を与えます。こうした点も踏まえると、将来世代、未来の他者ということをどのように勘案するか、ということは緊急性の高い課題です。保守主義にとって、未来の他者はどのような位置づけとなるのか、お聞かせいただけますでしょうか。

中島　それについてお話しするには、イギリスの憲法の話から始めるのがいいかもしれません。知られているように、イギリスには成文憲法がありません。イギリスでは王位継承法とか議会法といった成文法に加えて、判例法や慣習法、憲法習律を総合したものが憲法だと考えられています。一二一五年のマグナ・カルタとか一六八九年の権利の章典も、そこには含まれる。

こうした捉え方の背景には、有限な時間を生きる不完全な存在である人間が、国家のコンスティテューションを過不足なく明文化するのは不可能だとする考え方があります。イギリス人は、現在を生きる人間の理性を特権化することに対して懐疑的で、それが保守主義の重要なバックグラウンドになっていると思うんです。

立憲主義とは、国民が権力をしばるためのものであり、こういうことをしてはいけないという規範であるわけですが、イギリス人が考える憲法においては、国民の中に死者が含まれているのではないか。死者を含めた国民が、権力が暴走しないように縛っている。つまり、立憲主義には死者が含まれているのではないかと思うんですね。

そこで、未来の他者という問題ですけれども、これについては柳田国男《やなぎたくにお》[4]の『先祖の話』を補助線にして話をしてみたいと思います。

この本の冒頭に一人の老人が登場します。地方から東京に出てきて、大工をしたり材木取引をしたりしてお金を稼いで、いまや暮らしも安定し、子どもが一人立ちするための資産もできたし、田舎から母親を呼び寄せることもできて、あとは静かに余生を送るばかりという老人です。多摩の丘陵地帯で調査をしていた時に、柳田はこの人と偶然出会うのですが、そ

4——柳田国男（1875–1962）日本民俗学の創始者。『後狩詞記』『遠野物語』『先祖の話』『明治大正史 世相篇』などの著作がある。

のとき一生懸命、ご先祖になるのだと語っていたというのですね。

柳田によれば、「精進して立派なご先祖になりなさい」ということが、昔よく言われていたそうです。「立派な先祖」になるということは、僕の考えでは、未来の立派な死者になるということです。おそらく柳田の中には、先祖を供養し、死者を追悼すると同時に、今を一生懸命生きることが、未来の死者である私を準備し、そこにおいて、未来の他者と対話をしていくという発想があったのではないでしょうか。

柳田は『先祖の話』を敗戦の年に脱稿しています。この時、柳田は、子どもを残すことなく、多数の若者たちが戦死者となることによって先祖とのつながりがなくなり、未来の他者との対話が途絶してしまうという、切迫した問題意識をもっていたと思うんですね。だから、若い戦死者を養子縁組にすることで「先祖」にするという提案もしている。

柳田のこの議論を敷衍すると、私たちは未来の死者でもあるわけです。そしてそれが、保守主義が依拠する未来というものではないかと思うんですね。

大澤　なるほど、これは非常に深い話ですね。たしかに我々は、未来の死者でもあって、未来の死者になることによって、未来に生きる者とやがて対話をすることになる。この観点からすれば、先祖というものは、一見、過去にしか存在しませんが、同時にそれは未来につながっている存在でもあるというわけですね。

それで思い出したのが、柄谷行人さん[5]の『遊動論』（二〇一四年）です。この本で柄谷さんは、柳田の言う固有信仰論に注目している。柳田によると、固有信仰では、人は死んで祖霊になると、血縁関係上の位置とか力とか経済力とかに関係なく完全に平等になります。また固有信仰では、生者と死者とが自由に行き来する。この柳田の言う固有信仰に注目することで、柄谷さんは、生者と死者（祖先）を含むアソシエーション（連合）ということを考えていたと思うのですね。この観点と中島さんのお話には通底するところがありそうです。柄谷さんのような左翼の良質な部分と、中島さんのような保守の良質な部分がじつは深いところで繋がっていると感じられて、とても興味を惹かれました。

それから、イギリスの立憲主義には、たしかにマグナ・カルタも含まれるわけですが、日本でこれに相当するものはあるだろうか、と考えたりします。たとえば御成敗式目などはその候補ではないかと思います。御成敗式目は、憲法とは違って、権力を縛るものではなく、御家人の権利義務とか所領の相続や紛争についての規定とかが入っている素朴な法ですが、明治維新までは、すごく尊重され、日本人の規範意識の原点になっていたところがあります。成立した時期も、マグナ・カルタとほぼ同じです。しかし、さすがに現在の日本人が、憲法

5——柄谷行人（1941－）思想家、文芸批評家。『マルクス　その可能性の中心』『内省と遡行』『世界史の構造』などの著作がある。

や、あるいは民法、刑法などの現在の法律の先例として、御成敗式目のことを考えるかといえば、そんなことはありません。そう考えると、イギリス人の歴史感覚には不思議なものを感じます。

西ヨーロッパの場合には、近代社会と、それを直接にもたらしたと考えられる中近世の社会との間に歴史的な連続性の感覚があるように思いますね。近代以前の身分制議会をともなう王権、そしていくつもの革命によって、近代社会と連続する感覚がもたらされ、それがためにマグナ・カルタも、現在の憲法の一部であるとみなされる。だからこそ保守主義も、千年近い歴史の堆積の中において捉えられるわけです。それに対して、日本を含め、他の非西洋社会の場合、西洋との遭遇をきっかけにして、変化が常態化した近代社会へと移行しましたから、歴史の連続性も、さしあたっては、その範囲までです。つまり、日本の場合は、明治維新からの約一五〇年ですね。そう考えると、保守主義が生まれてくる社会史的な背景にもかなりの違いがあり、改めて興味深く感じられます。

3 いま、憲法九条をどう考える?

大澤 イギリスの立憲主義に見て取れるこうした規範意識をも念頭に置きながら、こんどは、日本の憲法九条について、中島さんの考えをお聞きしたいと思います。二〇〇九年のインタビューで中島さんは、将来的には自衛隊の存在を憲法九条に明記することで、自衛隊が暴走しないように縛りをかけるべきだが、いまの日米安保の下で九条を変えるべきではない、なぜなら、この体制のまま、こうした改正を行ってしまうと、イラク戦争のときと同じようにアメリカに従属することになりかねず、ひいては主権が侵されてしまうからだという、二段構えの議論をされています。

こうした主張と保守主義とはどう繋がっているのか、そこにはどのような思想的な裏づけがあるのか、お聞かせいただけますでしょうか。

中島　いま紹介していただいた「戦略的な九条保持」論を維持することは、昨年の安保法制によって、とても難しくなったと考えています。

戦後日本というのは、九条と安保を車の両輪とする体制でした。こうした中で、自衛隊を違憲とする人たちは、現に存在する自衛隊をどう説明するかという問題にぶつかって、行き詰まっていった。だからといって、正面きって、自衛隊を廃止すべきだとは言わないんです。ですから、こういう人たちは、結局は憲法に書かれたことを守らなくていいという立場であって、立憲主義を崩壊させた張本人だと思うんです。

それとは異なるのが、一三条の幸福追求権などを用いて、自衛隊も米軍基地も合憲だと説明する人たちです。この立場の人たちは、主権のかなりの部分をアメリカに奪われている中で、九条があることで、日本の主権をギリギリのところで何とか守れていると考える。アメリカの対外戦争への参加を拒否できる根拠は九条にあった訳で、九条こそが日本の主体的な決断を担保してきた。九条こそが主権の最後の砦だったんです。僕自身、地位協定を含む日米安保が当分続くなら、アメリカに対して日本の主権を主張するには、九条を保持する以外にないと考えていました。

要するに、日米安保体制の下で、アメリカから圧力をかけられる度に、九条によって押しとどめるという綱引きが、これまで繰り広げられてきたわけです。実際、ベトナム戦争のときは、九条をたてにすることで派兵をせずに済みました。ところが一九九二年にＰＫＯ協力法が成立し、二〇〇三年にはイラク特別措置法が制定され、イラクへ自衛隊が派遣されてしまった。これは完全に違憲だと思いますが、こうしてずるずると後退戦が続くなかで、とうとう集団的自衛権の行使が認められたことで、この綱引きのゲームは終わったと思うんですね。いちばん危ないと思っていたことが起きてしまった。

自衛隊は合憲であるというのは明らかな解釈改憲で、この立場の最大の問題点もここにあります。極端な言い方をすれば、あれもこれも解釈改憲によって認めてしまうことで、憲法の空洞化に手を貸してしまうという脆弱性があったのです。そこを衝いてきたのが安倍政権で、集団的自衛権の行使容認を含む安保法制を強行採決されてしまった。ここまで来てしまった以上、もうこの立場を採ることは難しい。「戦略的な九条保持」論は破綻せざるを得ず、九条改正の議論をせざるを得ない。今や、そういう段階にあると考えています。

大澤　いま必要なのは、自衛隊という存在を憲法に明記し、自衛隊に何ができて、何ができないかをはっきりと規定すべきだということですね。

中島　はい。SEALDsの人たちとかは、この問題をもう一度、綱引きの場へ差し戻そうとしているわけですが、それはかなり難しい。ですから今、必要なのは、この状況に対して立憲主義的にどう歯止めをかけるかということだと思うんです。

大澤　なるほど。SEALDsについては後で改めてお聞きしたいと思いますが、今の話をうかがってまず思ったのは、中島さんと井上達夫さんの思想的な立場は、突き詰めれば違いがあるにもかかわらず、九条と自衛隊の問題については、同じような捉え方をしているということです。九条を字義通りに解釈すれば、自衛隊も日米安保条約も違憲ですが、護憲派の多くは、専守防衛の枠内であれば自衛隊も合憲だと主張し、日米安保条約も容認してしまう。井上さんの見解では、自衛隊も日米安保条約も、すでに解釈改憲ですね。だから、護憲派によってこそ憲法はないがしろにされている、というのが井上さんの見解です。

憲法九条を額面通りに受け止めれば、そこで言われているのは絶対平和主義なんですね。

ですから、自衛隊にしても、日米安保条約にしても、安保法制にしても、憲法九条に抵触するところがあるわけです。

4　絶対平和主義と現実主義

大澤　九条を空洞化させないためには、ごくシンプルに考えて、論理的には次の二つの方向性があり得ます。一つは、絶対平和主義に立って、自衛隊の廃止や安保条約の廃棄を含む、きわめて抜本的な改革と政策の変更を視野に入れること。もう一つは、自衛隊の法的地位を九条に明記するというものです。それで言うと、中島さんの場合、後者を採っているわけですね。その根拠について、お聞かせいただけますでしょうか。

中島　僕は絶対平和主義と現実主義は、車の両輪でなければならないと考えています。絶対平和主義というのは、カントの言う「統整的理念」に相当します。実現させるのは不可能だけれども、普遍的なある理念を掲げることで、そこから現在を照らし出し、究極の目標に少しでも近づこうとする際の指標のようなものです。これに対して現実主義は、カントの言う「構成的理念」に当たるわけですが、統整的理念を失うと構成的理念は成り立たなくなるというのが、ここでの議論のポイントなんですね。

それで言うと、これから中国とどうつき合っていくのか、アメリカとの関係性をどうするかといったことは、統整的理念があってはじめて成り立つ構造となっています。まともな保守主義者はこのことをよく理解していました。国際政治学者の高坂正堯《こうさかまさたか》もその一人で、たとえば一九六三年に『中央公論』に発表した「現実主義者の平和論」で、高坂先生はこんなことを述べています。

「国家が追求すべき価値の問題を考慮しないならば、現実主義者は現実追随主義に陥るか、もしくはシニシズムに墜する危険性がある。また価値の問題を考慮に入れるということによって初めて長い目で見た場合に、最も現実的で国家利益に合致した政策を追求することが可能となる」と。もう少し読むと、「確かに平和というような絶対的目的は手段とは切り離して設定され得るであろう。しかし絶対的目的を達成するに至る個々の具体的目標――例えば中立は取り得る手段との相互関係において決定されるべきものなのである。手段と目的の間の生き生きとした会話の欠如こそが理想主義者の最大の欠陥ではないだろう」と述べています。

当時、高坂先生は、現実主義的な立場から戦後の理想主義的平和主義を否定するような若手の論者が出てきたということで、いろいろと批判を受けたわけですが、この文章からも分かるように、高坂先生は理想というものをまったく否定していません。けれども、理想と現実の対話が失われ、どちらかに偏ってしまうと、一方は単なる理想主義に、他方は単なる現実追認主義に堕してしまう。したがって、理想と現実との会話が重要なのであり、安全保障についても、究極の目標と具体的な政策の二段構えで考えなければならない。そう説かれています。

ですから高坂先生は、九条に意味がないなどとは、まったく言っていないんですね。ただ、あくまでそれは絶対的な目的なので、それを現実と混同してはならず、しっかり区別せよというのが高坂先生の認識で、僕もその通りだと思うんですね。

福田恆存も、一九五四年に『中央公論』に掲載された「平和論の進め方についての疑問」で、同じようなことを述べています。「現地解決主義が成り立つためには、物事を相対的にのみ見る歴史の世界に、いわば垂直に交わる不動の絶対主義がなくてはなりません。絶対があってこその相対ですから、平和なんていうものは絶対にあり得ないという私の主張の背後には、絶対平和の理念があるのです」と。

スターリニズムも、昭和の全体主義も、統整的理念と構成的理念を混同し、究極の目標を実現可能だとすることで、膨大な数の人たちがその犠牲となりました。ですから僕は、九条の精神に意味がないとはまったく思いませんし、統整的理念としての絶対平和主義は必要です。と同時に、そこには理想と現実との生き生きとした対話がなければいけないと思うんです。

大澤　とても説得力がありますね。良質な左派であれば、同意するのではないでしょうか。
ただ、一方で、統整的理念は憲法に書き込んでおき、構成的理念は個別法でいくという方向もあり得る気がします。そのことによって、たとえば自衛隊の海外派遣について、きちんと議論をするとか、派遣が決まっても、相当慎重に行うようになると思うのですが、いかがでしょうか。

中島　具体的な憲法改正案で言うと、統整的理念にあたる絶対平和主義は、あくまで高次の目標・理想として憲法前文に書き入れるべきだと考えています。その上で、九条には自衛隊の存在を明記し、自衛隊が暴走しないよう、縛りをかける。ですから、九条は統整的な憲法前文に縛られることになります。これをどう考えていくかが課題です。

大澤　なるほど。これまで何度も解釈改憲が行われて、九条が空洞化していることを考えると、納得のいく考え方です。

高坂正堯とか福田恆存といった、良質な保守主義者の議論はとても説得力があるのですが、他方で戦後日本の軌跡をたどり直してみると、統整的理念が生きていた時代と、徐々にそれが衰えていく時代があります。日本の戦後では、今の中島さんの話の中に含意されているように、統制的理念の内容は、外交のレベルでは、絶対平和主義でした。その絶対平和主義も現在では、かつてほど人々の心を捉えられなくなっている。人々は以前よりもシニカルになっています。

こうした中で、統整的理念にもとづいて、こういう世界を目指しているから憲法はこうあるべきだというタイプの議論をする人は、いまや論壇にもほとんど見当たりません。先ほどの中島さんのお話では、理想と現実の生き生きとした対話が欠かせないわけですが、ここまで統整的理念が力を失ってしまうと、現実との回路を失った単なる理想を言い立てる人と現状追認主義者ばかりになってしまいかねない。こうした状況にあって、統整的理念を取り戻すにはどうすればいいのか。この点について、中島さんはどうお考えでしょうか。

中島　絶対的な理想なき時代に、これをどう回復するか。非常に難しい問題です。大澤さんが以前から論じている「現実への逃避」という問題ですね。

　僕自身は、日本の保守主義をもう一度、原理的に見直すなかで、超越軸を取り戻すということを考えています。その意味でも親鸞はとても重要な存在です。悪人正機という親鸞の思想は、人間は不完全な存在であるという、保守主義の人間観と通じるところがあると思うんですね。しかも親鸞の思想には、超越への強い志向があります。ですから、親鸞の浄土真宗的な発想とイギリス発祥の保守思想とを接合させながら、日本の保守主義をつくれないかという野心が私にはあります。ただ、正直言って、どこまでできるか分かりません。

大澤　吉本隆明[6]も親鸞の思想に注目していましたし、戦後の日本の本質的な思想家はしばしば親鸞に回帰する、という印象をもっています。中島さんも親鸞に注目されているのですね。これはこれで興味深いことで、深く話をうかがいたいのですが、本書の主題から離れてしまうので、次の質問に移らせて下さい。

5 戦前との「連続」と「断絶」を問う

大澤 伺いたいことは、「敗戦」ということを考慮したとき、保守主義はどうなるのか、ということです。保守主義は、歴史の中で蓄積されてきた先人たちの暗黙知を尊重する立場だと思います。しかし、こういう態度で過去に対することができなくなった体験が、日本の敗戦だと思うのです。先の大戦で、日本は総力戦として臨み、完敗したわけです。そのとき、日本人は、「わたしたちは何か根本的なところで間違っていた」という感覚をもったと思うのです。それまでの先人たちの精神的な蓄積をそのまま継承することは、もうできなくなった、と。

そのことを最もよく示しているのが「国体」という観念だと思うのです。いうまでもなく、戦前・戦中にあって、国体は最も重要な何かを表象していました。そして、戦争に負けたとき、その国体は、なんと護持されたことになっているのです。ですから、形式的には、国体はいまでも持続しているはずなのですが、実際には、完全に空洞化してしまった。戦後の日

6――吉本隆明（1924－2012）思想家、詩人。主著として『言語にとって美とはなにか』『心的現象論序説』『共同幻想論』などがある。

本人は、国体についてなんのイメージももっていない。そんなものがあるとすら思っていません。中島さんに話しても釈迦に説法ですが、読者のために言っておくと、戦前と戦後の間には、客観的には意外なほどに連続性があるということを実証する研究はたくさんあります。しかし、主観的にはやはり断絶の感覚があります。「国体」という表象はそれをよく示しています。まあ、考えてみれば、国体は、戦前だって、何を意味しているのかよくわからず、空疎といえば空疎だったのですが、空疎なものにあたかも実質があるかのように感じられていたのが戦前だとしたら、空疎なものが空疎になったのが戦後でしょう。

ともあれ、こうした断絶の感覚が存在する中で、保守主義を成り立たせるのは可能か、という疑問があります。保守主義の発祥の地、イギリスであれば、先人たちの営みの成果を、根底から拒絶することなく受け取れるわけです。ところが日本では、七〇年ほど前の敗戦によって、過去からのバトンを受け取ることができなくなっている。保守主義にとっても、これは難しい問題だと思うのですが、いかがでしょうか。

中島　保守主義がそこでやらなくてはいけないのは、戦前と戦後を断絶したものではなく連続した物語として組み替えるということだと思うんですね。

その際、歴史というものは、過去から現在へと流れ込んで形成されるのではなく、私たちが現在という地点から過去へと遡ることで浮かび上がってくるという視点を確保しなくてはならない。大澤さんのナショナリズム論では「遡行する前進」という概念が使われていますが、これは普遍的な人間の態度ではないかと考えています。そうした態度でもって、「断絶」から「連続」へと物語を組み替える必要があるのではないでしょうか。

その際、僕が重要だと思うのは、戦前の保守主義をリードした人たちが、どのような議論をしていたかを確認することです。

たとえば田中美知太郎[7]は『時代と私』という回想録を戦後になって出していますが、この本で彼は、満州事変以降、日本はおかしくなってしまい、一九三〇年代は基本的に暗黒の時代だったと述べています。別の例を挙げると、戦前の日本について竹山道雄[8]は、五・一五事件、二・二六事件に言及しながら、ああしたものは復古的進歩主義者の発想によるもので、別言すれば戦前期日本は革新勢力に乗っ取られていたと述べています。

戦後の保守論壇で活躍した山本七平《やまもとしちへい》[9]には『「空気」の研究』という著作がありますが、山本は戦中を回想するいくつかの著書の中で、戦前の日本の軍隊と戦後の連合赤軍を同一平面

7――田中美知太郎（1902－85）哲学者。ソクラテス、プラトンの研究者として知られる。『哲学初歩』『ソクラテス』などの著作がある。
8――竹山道雄（1903－84）評論家、ドイツ文学者、小説家。『ビルマの竪琴』『昭和の精神史』などの著作がある。
9――山本七平（1921－91）評論家、山本書店店主。『「空気」の研究』『現人神の創作者たち』などの著作がある。

上に捉えた上で、両者がいかにして「空気」を醸成し、一人ひとりの主体性を奪い、恐怖政治を行ったのか分析しています。

つまり、戦前から戦後を通じて主体的に言論活動を行ったこうした人たちは、一九三〇年代から敗戦までの日本の歴史を、非常にネガティブに評価しています。それだけでなく、敗戦によって、それまで日本を突き動かしていたおかしなものが取り除かれたので、これから、本来の日本のあり方をとり戻していけばいいと思っていたら、再び革新勢力が台頭してきてしまった。そういう事態を目の当たりにして、田中美知太郎は、戦前も戦後も同じ誤謬を犯していると指摘しているんですね。

これが、日本の保守主義を牽引した人たちの根底にある発想で、このロジックを紡ぎ直すことで、大東亜戦争肯定論のような浅薄な主張をする今の保守に対して、本来の保守主義はそんな認識は持っていないということを示したい。そして保守の側から見た近代日本の連続する「筋」を示したい。

それから、憲法とのかかわりで保守主義が踏まえておくべきなのは、八月一五日革命説にしても、憲法無効論にしても、どちらも採ることができないということです。

まず、八月一五日革命説ですが、これは憲法学者の宮沢俊義が提唱したもので、敗戦の年の八月一五日に革命が起こり、それによって帝国憲法は効力を失い、もっぱらＧＨＱが憲法制定権力として新たに憲法を制定したのであり、戦前と戦後はここで断絶しているという歴史認識です。一見、これと対立しているように見えるのが憲法無効論で、帝国憲法の正式な改正手続きを行っていないので日本国憲法は無効であり、一旦これを廃棄し、帝国憲法に戻した上で、あらためて改正手続きを行わなくてはならないという主張です。

この二つの立場は真っ向から対立しているように見えて、実は同じ前提に立っています。どちらも、戦前と戦後を断絶したものと見なしている。ですから重要なのは、「遡行する前進」によって、断絶ではなく、連続する物語を作っていくことなんですね。明治憲法と日本国憲法とをつながないことには、私たちはどうしようもありません。戦後の憲法解釈は、明治憲法下で構築されてきた解釈のつみ重ねと反省の上に成り立っています。憲法改正は、その延長線上に来なければならない。保守主義にとってこれは非常に重要なポイントだと思うんですね。

大澤　非常に興味深いお話です。

宮沢俊義の八月一五日革命説は、ある意味、戦前を全否定するような考え方です。逆に戦前を全肯定している憲法無効論も、戦前と戦後の断絶を極大化しているという点では、八月一五日革命説と同じだというお話でした。このように戦前と戦後の間に断絶しか見ないやり方ではうまくいかないという、保守主義者としての中島さんならではの考えだと思います。しかし他方で、あまりに連続させてしまうと、大東亜戦争肯定論のようになってしまう。それはそれで困るわけです。とすれば、どの部分が連続しており、何が断絶しているのか。この腑分けをどうするかは、かなり難しいところではないかと思うのですが、いかがでしょうか。

中島　たしかに簡単ではありません。その一環としてまとめたのが、『下中彌三郎――アジア主義から世界連邦運動へ』(二〇一五年、平凡社)です。

　下中彌三郎(一八七八―一九六二)は平凡社の創業者としても知られていますが、一九二〇年に開催された第一回メーデーでは壇上に立って演説をするなど、大正デモクラシーの労働運動の先頭に立って行動し、二四年には「池袋児童の村小学校」を設立。これは大正自由主義教育を代表する学校として知られ、教師と児童の区別をなくし、実質的にはクラスを設けず、授業科目や時間割にも拘束されないといった教育方針を打ち出していた。ですから、その頃の下中は、今の言葉でいえば、左派系の人物と目されていたわけです。

　ところが一九三〇年代になると下中は、天皇こそが世界の統治者であり、天皇の下では全人民は平等な存在で、すべては一つに溶け合うのであり、皇国日本にはそうしたユートピアを実現する使命があると主張し始めます。しかし、軍事力による世界統一の構想は、敗戦によって放棄せざるを得なくなり、こんどは世界連邦運動の牽引者として活躍しだす。その際、下中は、憲法九条を押し広めることでアジアとの連帯を果たし、ひいては世界統一を実現させるという持論を展開しています。

こうして概観してみると、一九三〇年代の下中をどう理解すればいいのかという疑問が浮かび上がってきます。実際、大宅壮一も、下中のことを「エタイの知れぬ怪物」と評しています。しかし、下中の人生をたどり直してみると、全てが連続しているとしか思えなかった。つまり、統整的理念と構成的理念とがつねに混在していて、その手段だけが、時代によって変わっているにすぎないんですね。

戦前から戦後にかけて、下中と似た軌跡をたどった人物は少なくありません。朝の連続テレビ小説『花子とアン』に柳原白蓮という女性が出てきます。彼女にしても、駆け落ちの末に白蓮と結婚した宮崎龍介——戦前の学生運動において中心的な役割を果たした新人会を大正七年に結成したメンバーの一人——にしても、一九三〇年代になると、南進論によるアジア解放を主張し始め、それが戦後になると、世界連邦運動や護憲運動に邁進しだす。

統整的理念と構成的理念をごっちゃにするような、こうした思想態度を僕は否定したいわけですが、この観点からすると、戦前と戦後は連続しています。田中美知太郎が戦前と戦後の両方を否定したいと言ったとき、何がその対象になっていたのか。それを描いておきたいと思って纏めたのが、下中彌三郎論なんですね。逆に下中のような人を一貫して批判的に見ていたのが田中のような保守派であり、その意味で連続性があります。

大澤　なるほど、それで『下中彌三郎』をお書きになったのですね。保守主義者として非常に一貫性のある試みだと思います。

6　日米関係をどう考える？

大澤　いま言われたように、戦前と戦後では断絶があるというよりも、むしろ通底するものが見て取れるとして、日本国憲法が成立する際には、アメリカという他者が、憲法制定権力として介在しているわけですよね。歴史的に蓄積されてきた集合的な知恵の中に、我々とは明らかに異なる他者の意志が介入することによって、戦後日本は大きく規定されたといってもいいでしょう。こうした他者の介入は、普通は、保守主義の思想の中で想定されていないわけですが、それについてはどのように考えればよいでしょうか。つまり、こうした事態を、連続する物語の中にどのようにして回収するのか。考えをお聞かせください。

中島　たとえば江藤淳[10]は、戦後日本に付着したアメリカという存在をどう乗り越えるのか、どのようにしてアメリカからの脱却を果たして、日本人としての主体を取り戻すのかという問題意識をもっていました。それができなければ、国会で何を決めようが、三島由紀夫[11]が市ヶ谷駐屯地で自決してみせようが、江藤にとって「ごっこ」に過ぎない。アメリカが決定する中での戯れに過ぎないというわけですね。

沖縄の施政権が一九七二年にアメリカから日本に返還されようとしていたとき、この「ごっこ」の時代は終わりを告げるのではないか、これで主権を取り戻せるのではないか。江藤はそう予感したわけですが、それから半世紀近くを経て、ますますアメリカへの従属が深まっています。とすれば、待っていればいいというものではないのかもしれない、という問題があるわけですね。江藤の時代といまとを比べると、アメリカの力が相当、弱まってきています。サウジアラビアとイランが国交を断絶するまで事態が深刻化したのも、そのことが大きい。他方で、中国とロシアが著しく台頭してきた。つまり、アメリカの一元的な支配体制が動揺し、地政学的なバランスが崩れ始めたという問題に我々は直面しているわけです。

こうした中で、僕は脱アメリカ的な物語を作り直さないといけないと考えてきました。僕が歴史をずっとやってきたのは、「脱米入亜」の時代という物語を作りたいからなんですね。しかし、そこには、日本の帝国主義をはじめ、克服すべき課題がいくつもあります。逆に大日本帝国化してきた現代の中国をどう考えるかという問題もある。習近平が打ち出した「一

10――江藤淳（1932－99）文芸評論家。『夏目漱石』『成熟と喪失』『閉された言語空間――占領軍の検閲と戦後日本』などの著作がある。

11――三島由紀夫（1925－70）小説家、劇作家、評論家。『仮面の告白』『金閣寺』、「豊饒の海」四部作などの著作がある。

帯一路」という経済圏構想は、ほとんどアジア主義と変わらなくて、自分たちはその盟主になりますよという宣言でもあるわけです。それに対して、過去の日本の過ちも含めてアジア主義の轍を突きつけることは、かつて日本が示したアジア主義の可能性を問うことであると同時に、大日本帝国化を進める中国に対して、それでいいのかと問う契機となるのではないか。そう思っているんですね。

ですから、近代において日本はなぜアジアと連帯しようとしたのか、そのとき岡倉天心[12]はなぜ、「Asia is One」という概念からアジアを定義しようとしたのか。このようにして、近代日本のアジア主義を問い返すことのうちに、日本という物語を回復させる鍵があるのではないかと思っています。

大澤　中島さんの思想と学問のすべてが凝縮されたような重要なお話ですね。

アメリカとの関係をどうするかという問題でまず思ったのは、戦後日本のアメリカ依存は骨がらみとなっていて、近年、ますますそれが強まっているということです。おっしゃるように、世界の中でアメリカの影響力は弱まっていますが、それでも日本はアメリカに依存し続け、重要なことはすべてアメリカに決めてもらっているような状態です。日本人としての価値観そのものが、アメリカにアウトソーシングされているといってもいいほどです。

江藤淳に引きつけて言えば、ある時期までは、鋭敏な人であれば、アメリカが認める範囲で「ごっこ」遊びをしていることに気づけたのに、いまやそれも忘却してしまうほど「ごっこ」遊びに耽っているわけです。たとえて言えば、大人であっても外部があることを忘れてしまうほど巧みに造られたテーマパークがあって、その中にいると外部に目が向かわないので、ごっこ遊びをしていることに気づくことができない。状況はこれと似ています。そこまで骨がらみになっている中で、「ごっこ」遊びを本物の仕事に変えるにはどうすればいいのか、という問題があります。

これは日本に限った話ではありません。近代化の過程で、多くの国がヨーロッパをモデルにしてきました。ヨーロッパ的なものが志向されてきたわけです。現代においてアメリカは、そうした西洋志向にとってのシンボルとなっている。突き詰めれば、それも含めて、我々の「ごっこ」遊び的なアメリカ依存を、保守主義という思想はどう断ち切ることができるのか、ということに関心があります。この点については、いかがでしょうか。

中島　伝統というものは、何かを喪失することへのリアクションとして生まれますから、伝統が無意識レベルで浸透しているところに伝統は存在しないという逆説があります。バークの保守主義も、フランス革命によって、先人によるそれまでの営為が破壊されようとする中

12——岡倉天心（1863－1913）思想家、文人。日本の美術、茶道などを欧米に紹介し、またアジア主義を唱道した。『東洋の理想』『日本の覚醒』『茶の本』などの著作がある。

から生まれてきました。ですから伝統とは、きわめて再帰的なものなんですね。社会が変わりゆく中で、何が伝統であるかを対象化することから、保守主義の営為は始まるわけです。

ところが日本でいま保守を名乗る多くの人たちは、そうした営為をおろそかにし、アメリカ追随一辺倒です。そこをまず、変えなくてはならない。そのためには、大澤さんのテーマパークの喩えを使わせていただくなら、この遮蔽物の向こうに壁がありますよ、外の世界はこんなふうに見えなくさせられていますよということを、はっきりと示す必要があります。加藤典洋さんの『敗戦後論』も白井聡さんの『永続敗戦論』も、そうした壁の存在を示してくれる著作だと思うんですね。このように、ごっこ遊びの外側を示すという作業を積み重ねながら、伝統とは何かを再帰的に考えていく。そこにしか手がかりはないような気がしています。

7 「アジア」を再定義する

大澤 なるほど、「脱米入亜」のうち、「脱米」についてはよく分かりました。では次に「入亜」について話をお聞かせ下さい。

「入亜」について考える際にポイントとなるのは、先ほど中島さんが言われたように、アジア主義をどう捉えるかということです。そこで難しいなと思うのは、アジアにおいて、一つの共有された精神なり価値観なりを探してみても、現状では皆無に近いんですね。それに対して、ＥＵは違います。ＥＵも、今、いろんな問題に苦しんではいますが、とにかく、共有された価値観があるという確かな実感があったからこそ、ＥＵなるものが成立しました。それに対して、アジアはどうでしょう。戦前の日本が唱導したアジア主義だけでなく、中国が提唱する「一帯一路」も、それをささえる共通の価値観や大義があるわけではなく、提唱者も追随者も、ほんとうは、セルフィッシュな欲望が満たされる限りにおいてコミットしたり、活用したりするという形になっているのではないか。かつて「脱亜入欧」が唱えられたとき、日本人は、「欧」で示される価値観や世界観に魅了されたところがあるわけです。これをひっくりかえして、「脱米入亜」とするとき、「亜」に、われわれを魅了する実質があるのでしょうか。

中島　まずＥＵについて言えば、中途半端なかたちで、ぐらぐらしながらも解体せずに済んでいる理由の一つとして、ここ七〇年ほど、統整的理念としての連邦国家をつくるという目標の下、個別の問題を一つ一つクリアーしていったというプロセスがあると思うんですね。たとえば北欧の小国は、アメリカに対して単独では対抗し切れないのですが、ＥＵ全体で交渉すると大きな力を持つことができ、何とか困難を乗り越えてきたという歴史がある。他にも膨大な時間と交流を通じて信頼関係を醸成し、合意形成をしてきました。こうしたプロセスが成り立つ背景には、中世以降、キリスト教をベースにして、ヨーロッパとは何かが問われてきたということがあると思うんですね。

これに相当するものは、じつはアジアには見当たりません。ならば、どうすればいいのか。ここで考えてみたいのが、先ほども言及した岡倉天心の「Asia is One」という概念です。天心はこの言葉を『東洋の理想』で使っているのですが、奇妙なことに、その直後に、アジアはばらばらであると言い出す。「孔子の共同社会主義をもつ中国の文明」と、「ヴェーダの個人主義をもつインドの文明」とはまったく違って見えるし、実際この二つの文明社会を峻別するかのように、両者のあいだにヒマラヤ山脈がそびえ立っている、と。

その上で天心は、アジアは一つであると、ふたたび言う。そこにおいて、不二一元という発想が出てくるんですね。表層的な差異を超えたメタレベルの認識論において「Asia is One」なのであり、アジアの底流をなす不二一元という構想が近代を脱臼しているのであって、その具体的な表れは日本の美術に見て取ることができる。そう論じていく。おそらくこの時、天心は、近代という時代においてアジアは再帰的に獲得されるのであり、近代に対するリアクションとして構成されるということに気づいていたはずです。

僕はこの観点から、アジアを定義し直せるのではないかと考えています。多元的であるがゆえに一元的であるとする不二一元こそがアジアであると。それによって、新しい枠組みを作る端緒が開かれるかもしれない、という予感があります。つまり「アジア」はメタレベルの存在論、認識論として存在しているということです。

大澤　壮大な試みですね。ただ、アジアをポジティブな参照項とするには、歴史的な経緯からいっても、乗り越えるべき課題がいくつかありそうです。

明治期以降、日本人が自らのアイデンティティーを築き、それなりの自信をもつようになる過程でアジアがどういう意味をもったかを考えると、アメリカやヨーロッパなどの西洋的な観点から中国や朝鮮半島と自分たちを比べることで、その中では一番マシという自己認識を得ていたと思うんですね。それまで日本は中華文明の辺境に位置していて、自分たちは中国から見てどれだけ文明化できたかを測っていたわけですが、明治以降は、それが変わった。このときアジアは、自分が相対的に素晴らしいことを証し立てるための、否定的な参照項となっていて、今もそういう傾向にあるというのが、僕の見立てです。

ところが近年、国際的な観点において、とりわけアメリカの観点において、日本よりも中国のほうが重視されるようになってきて、日本人の自尊心が崩れてきた。こうした中で、いかにしてアジアの連帯を実現させるかを考えると、なかなかに険しい道程となりそうです。

中島　おっしゃる通りです。ですから僕は、中国を中心とするアジア観を組み替える必要があると思っているんですね。鈴木《すずき》大拙《だいせつ》[13]は『東洋的な見方』で、「東洋」とは地理的概念ではないと、はっきり言っています。そういう思想的なものとして、アジアを語り直す必要がある。突き詰めればそれは、近代をどう乗り越えるかという問題になると思うんですね。

大澤　非常にスケールの大きい思想的課題ですね。

8　集団的自衛権の前提条件

大澤　このあたりで、話題をもう少し現実的なところへ戻したいと思います。二〇一五年九月に安保関連法が成立し、集団的自衛権の行使が可能になりました。昨年成立したこれらの法については、「存立危機事態」云々といった独特の条件がついていたり、実質的には日米関係のことしか念頭になかったり、とさまざまな特殊性があるので、ひとまず措くとして、ここではまず、「集団的自衛権」というコンセプトそのものについて一般的に考えておきたいと思います。

自衛のための戦争を認めるとすれば、その延長線上で、集団的自衛権を肯定することも可能かもしれません。集団的自衛権というのは、他国から攻撃を受けたときに、仲間の国がその国の防衛に参加できる権利のことです。

たとえば、Aという国が隣国Bを侵略し始めたとします。Bの同盟国C、D……は、集団的自衛権を発動して、Bを守るためにAに反撃する。こういう状況の中で、P国があり、この国は、実はB国内にある資源Zに深く依存している。もしBが他国に侵略されたり、そこで戦争が起きたりすると、P国は、Zの輸入が難しくなり、たいへん困るとします。しかし、P国は、自分たちの法のもとでは、個別的自衛権しかもたないので、B国を助けることはできない、という。ということは、P国は、B国とその同盟国が戦争に勝つことを望むだけです。言い換えれば、P国は、B国とその同盟国が集団的自衛権を行使して作り出す平和にただ乗り（フリーライド）しようとしていることになる。このようなP国の態度は、やはり褒められたものではない。だとすれば、集団的自衛権も、必ずしも否定できないということになると思うのですが、この点についてはいかがでしょうか。

中島　たしかに、コンセプトとしての集団的自衛権を否定することはできないだろうと思います。

防衛力に不安がある小国にとって、集団的自衛権を行使できなくなれば、あとは自国の軍備を増強するしか手がないということになってしまう。ウェストファリア体制になって以降、世界秩序はバランス・オブ・パワーを前提として保たれているわけですから、国家の規模が

13——鈴木大拙（1870－1966）仏教学者、宗教哲学者。禅思想の海外普及に努めた。『日本的霊性』『東洋の心』等の著作がある。

均質でない以上、集団的自衛権をなくすというのは非常に危険です。ですから、原理的には集団的自衛権を否定することはできません。

ただし、集団的自衛権が認められる前提条件として、当事国それぞれの主権がしっかり確保されている必要があります。当事国の主体的な判断が担保されないところで集団的自衛権が持ち出されると、他国の侵略戦争に無条件でつき合うことになりかねません。ですから、日本の場合でいえば、アメリカに対してノーと言える条件が整っていなければいけないわけです。現状ではそうなっていませんから、今回の安保法制には賛成できません。

大澤　なるほど。そうすると、九条を改正するなら自衛隊の法的地位を明記するという案を中島さんはお持ちですが、その場合、集団的自衛権はどうなりますでしょうか。

中島　アメリカに対して、きちんとノーが言えるようになり、日本としての主権が担保できるようになっているという絶対条件がクリアーできたとすれば、集団的自衛権を否定することはできないでしょう。ただし、それが濫用されないよう、しっかり憲法で縛らなくてはなりません。というのも、世界の歴史を振り返ってみれば、これまで何度も集団的自衛権が悪用されてきたからです。

たとえば一九五六年に、ハンガリーの首都ブダペストで、民主化を求める学生や労働者によるデモが起きたとき、ソ連は集団的自衛権を発動して、ハンガリーに軍事的な介入を行っています。アメリカがベトナム戦争を引き起こした時も、集団的自衛権をその根拠として使っていました。このように集団的自衛権は、他国を侵略するための口実を与えてしまうんですね。ですから、集団的自衛権については、何をしてはいけないのか、憲法できちんと規定しておく必要があります。

日本の場合でいえば、自衛隊の法的地位を憲法に明記し、ついで日米安保条約を大幅に改正して日本の主権をしっかり担保してからでなければ、集団的自衛権の問題には踏み込めません。

大澤　難しい問題ですね。どのような状態が平和であり、何が正義であるかについて、しっかりしたビジョンがあって、それとの関係で、いま起きていることが「正しい集団的自衛権」の枠内かどうか判断しなくてはならないわけですが、その判断の根拠となる統整的理念を、今のところ我々は持てずにいます。国益に照らしてどうかという議論はあるものの、その大半は短期的な視点によるものです。しかも、率直にいえば、日本は、重要なことはアメリカに決めてもらっている。こうした状況を目にすると、将来的に集団的自衛権をきちんと制御できるようになるのか、疑問です。

いのかもしれません。

9　民主主義と保守主義

中島　とても難しい問題です。最後の最後に正当性を担うのは民主主義に基づく決定しかないのかもしれません。

安保法制の根拠となった閣議決定では、「我が国に対する武力攻撃が発生した場合のみならず、我が国と密接な関係にある他国に対する武力攻撃が発生し、これにより我が国の存立が脅かされ、国民の生命、自由及び幸福追求の権利が根底から覆される明白な危険がある場合」には武力行使が可能だとされたわけですが、何をもって「明白な危険」とするかの絶対的な基準はありません。「明白な危険」をどう定義するかは為政者の主観次第ですから、「自衛」であれば許されるといっても、いくらでも恣意的な解釈ができてしまう。ですから、いくら憲法で縛りをかけたとしても、必ずそれで制御できるかというと、絶対的な保証はありません。そうなると、最後は民主主義しかないと思うんですね。

ただ、日本の場合、我々が選挙を通じて選んだ政府が、民衆の意思ではなくアメリカの意思に従っていますから、問題の根は相当深い。そもそも民主主義とは恐ろしいもので、大衆がおかしくなれば民主主義も狂ってしまいますから、武力を制御するのは本当に難しいと思います。

大澤　本当のことを言うと、他国に頼らずに、自分で決めてしまうほうが危険な場合もありますよね。事情に通じたアメリカに決めてもらったほうが安全な場合もある。けれども、自分たちのことは自分で決めるという態度が重要で、そうすれば、成功しようと失敗しようと結果はきちんと引き受けることができます。他人に決定を委ねると、期待通りの結果が出なかったときに責任をとれなくなるんですね。ところが、日本の場合、「自分のことを自分で決める」ということが難しい。形ばかりの民主主義になっていますから、「最後の切り札は民主主義だ」と言い切るためには、その前段階で何かが必要になると思いますが、いかがでしょうか。

中島　それに関して僕が考えているのは、ネグリ的[14]な議論を保守主義に導入するにはどうすればいいかということです。

先ほど話題になったように、柄谷行人さんは柳田国男に関心をもっているわけですが、それで言うとネグリは、バークの思想に関心を持っています。バークは庶民の暗黙知に注目し、そうした庶民の伝統や慣習によって社会の秩序は保たれると考えていました。ネグリはそこ

14――アントニオ・ネグリ Antonio "Toni" Negri（1933－）イタリアの哲学者。『ヨブ――奴隷の力』などの単著のほか、マイケル・ハートとの共著『〈帝国〉――グローバル化の世界秩序とマルチチュードの可能性』などがある。

に憲法制定権力の源泉を見て取ろうとしているわけですね。

人々がある種の共同性をもち、暮らしをともにする中で秩序が形成されていく。そこにおいて、様々な人間が話し合いを重ねることで、合意が形づくられていく。保守主義の基本的な考え方ですが、そこにネグリ的な議論を導入したいと考えているんですね。

大澤 保守主義とネグリですか。予想外でしたが、とても可能性を感じさせる組み合わせですね。

さて、ここからは話題を少し変えて、国連についてお聞きしたいと思います。これまで以上に国連にコミットすることで、平和や正義を実現しようと提案する人も少なくありません。本書に登場する加藤典洋さんはその典型ですし、井上達夫さんも、問題点があることは認めながらも、国連の意義を肯定されている。そこで中島さんが、国連をどう捉えているのかお聞きしたいのですが、いかがでしょうか。

中島 主権国家同士が協議をする場として重要だと思うんですが、他方で、集団安全保障が機能不全に陥っているという、重大な問題があります。なぜ機能しないかというと、常任理事国にだけ拒否権が与えられているからです。

常任理事国を構成する五カ国のうち、英米仏の三カ国は連帯可能ですが、ロシアと中国はこれらの国と異なる世界構想を持っていますから、たとえばシリアの内戦を鎮静化させようとしても、アサド政権を支持するか否かで立場が真っ二つに分かれてしまい、意見の一致をみることがありません。当然、拒否権が発動されて、安保理決議は採択されず、集団安全保障も機能しない。

ならば、どうすればいいのか。常任理事国の枠組みを拡大するとか、国連加盟国すべてに拒否権を与えるといったプランには無理がありますし、そうなると今度は、NPT体制における核の不平等の問題がいっそう深刻化する。そもそも日本は国連憲章上、今でも「敵国条項」に該当する存在ですから、国連にはひとまず参加させてもらっているという立場でしかありません。

これらのことを併せ考えると、下中彌三郎が理想とした世界連邦の実現を目指すのは絶対にやめたほうがいいと思うんですね。なぜなら、そこには政治的な外部がなくて、亡命が絶対にできないからです。僕にとってそれは、ひどく野蛮な世界です。

チェスタトン[15]は「絵画の本質は額縁にある」と言っていますが、たしかにその通りで、何らかの価値を表現するには「額縁」が必要なんですね。それで言うとデモクラシーも、ある程度は言語や文化、歴史といったものを共有する人たちを一つの単位としたほうが、比較的

15——ギルバート・K・チェスタトン Gilbert Keith Chesterton（1874－1936）イギリスの批評家、小説家。「ブラウン神父」シリーズは探偵小説の古典。鋭い文明批評でも知られる。『正統とは何か』『木曜日だった男』などの著作がある。

スムーズにいく。そしてデモクラシーというものが、国民国家と切り離し難く結びついて成立している以上、世界連邦を容易に肯定することはできません。となると、大変厄介ではありますが、国民国家とバランス・オブ・パワーの両方を制御しながら、デモクラシーというシステムをどう維持していくかを必死になって考えていくほかない。そのための先人の経験と暗黙知を継承し、微調整して行くしかない。そう考えています。

大澤　たしかに外部のない世界というのは恐ろしいんですよね。ともすると我々は、国内にばかり目を向けて、それが全てだと思って国家権力を論じてしまいがちですが、国家がそれなりに合理的な行動をするのは、外部があればこそでしょう。世界連邦ができれば、世界はどれだけ平和になるかと一瞬思ってしまうけれども、そうとは限らない。むしろ国民同士が切磋琢磨したほうがいいということですね。

10　SEALDsをどう評価するか？

大澤　では最後の質問です。昨年は安保法案に反対する動きが高まって、六〇年安保以来の大規模なデモがありました。その中でSEALDsの運動が注目されたわけですが、中島さんは、そうした若い人たちの運動をどのように評価されているでしょうか。

中島　過小評価も過大評価もするべきではないと考えています。

その上で言うと、彼らは突然現れたというよりも、ここ二〇年ぐらいの流れの中から出てきたと思うんですね。その原点の一つが僕らの世代で、いまから一〇年ほど前に、いわゆるロスジェネと呼ばれる人たちが、反貧困という名の下に集結し、プレカリアート運動とか「年越し派遣村」とかを始めたわけです。

ロスジェネによるそうした活動によって、ある種の社会的なインフラが整えられていき、3・11後の脱原発デモも金曜夜の官邸前抗議も、その上で出てきたと思うんですね。その意味では連続しているように見えますが、まったく同じではありません。反貧困を旗印とする僕たちの運動の背後には、だめ連に象徴される九〇年代的なものがあって、現代社会から疎外されているけれど、そのアウトサイダー的なノリを逆手に取った反逆という側面があった。その象徴が、素人の乱であり、雨宮処凛さんです。それに対してSEALDsは、現代社会から疎外されているというより、むしろ適応できていて、スタイリッシュで、それ故の反乱という感じがします。

SEALDsが立ち上がったのは、仲間たちとゲームをしたりキャンプに行ったりする日常が、安倍政権が強引に推し進める政策のせいで脅かされているという感覚があったからではないでしょうか。SEALDsは特定秘密保護法にも反対していますが、そこには自分たちのプライベートが侵されてしまうという感覚があり、安保関連法案であれば、戦争になったら、自分たちのこの日常が壊されてしまうという感覚があったと思うんです。つまり、フーコー的な権力が生活の中に食い込んできているという感覚があって、それに対するリアクションとして立ち上がった。ですから彼らは、イシューによっては反応しないことがあります。もし排外的な「愛国」という選択が、彼らにとってマッチするものであれば、そちらへ行ってしまうかもしれません。彼らの運動はいい意味でも悪い意味でもイデオロギー的ではなく、対抗する相手によって思想的ポジションが揺れ動く。そこのところは冷静に見たほうがいいような気がしています。

大澤　現在の「リベラル」な若者の政治行動が、九〇年代の運動と連続していると同時に、後者は疎外されていた者の反乱で前者は適応できている者の反乱という違いがある、という指摘は重要ですね。この両面を合わせて考えてみると、現在では、最も適応している者でさえも、自らが疎外されているとも感じてしまう局面があるということかもしれません。そうした局面の一つが、憲法、自衛権、戦争、そして民主主義に関係した諸問題だったのかもしれません。

今日は、そうした問題についての中島さんの見解が、野心的で、気宇壮大な保守主義に裏打ちされているということを確認させていただきました。中島さんの唱えられている保守主義は、目先の利害や損得の計算に根ざす戦略とはまったく次元を異にする、深い歴史感覚をベースにした思想であることが読者にも伝わるかと思います。

第二章

「明後日」のことまで考える——九条強化と国連中心主義

加藤典洋×大澤真幸

加藤典洋 かとう・のりひろ

一九四八年生まれ。東京大学文学部仏文科卒業。文芸評論家。早稲田大学名誉教授。著書に『アメリカの影』(講談社文芸文庫)、『増補 日本という身体』(河出文庫)、『言語表現法講義』(岩波書店)、『敗戦後論』(ちくま学芸文庫)、『増補改訂 日本の無思想』(平凡社ライブラリー)、『テクストから遠く離れて』(講談社)、『さようなら、ゴジラたち——戦後から遠く離れて』『3・11 死に神に突き飛ばされる』(以上、岩波書店)、『人類が永遠に続くのではないとしたら』(新潮社)、『戦後入門』(ちくま新書) ほか多数。

加藤典洋さんの九条改正案

大澤真幸

加藤典洋さんは、憲法九条に関して、三つのことを提案し、それに即して条文を改正・付加することを提案している。ただし、それは、通常の「護憲／改憲」という対立軸の中で言われている「改憲」とはまったく異なる内容の改正案である。

第一の提案は、軍隊に関するもので、ロナルド・ドーアの議論をもとにしている。現在の自衛隊を改組し、二種類の軍事組織をもつべきである、とする。ひとつの軍事組織は、国連の指揮下で、他国の軍事・非軍事の組織と連携して作戦活動を行う「国連待機軍」、もうひとつの軍事組織は、国の防衛と災害救助にあたる「国土防衛軍」である。後者は、これまでの自衛隊と似ているが微妙に異なっている。国土防衛軍は、国民の自衛権（人民起源の自衛権）を担う組織であり、それゆえ、国民に銃を向けること（治安出動）の禁止を明示すべきである、とされているからである。

第二の提案は、核兵器を持たず、作らず、持ち込ませず、使用もしないということを謳う項目を九条に付加すべきだというものだが、それと合わせて、国際的な核兵器管理に関して、やはりロナルド・ドーアのアイデアに基づく次のような方式が提案される。それは、核兵器の拡散を防止し、廃絶するというNPT（核不拡散条約）のやり方とは正反対の方式である。一般にMAD（相互確証破壊：核所有国に核攻撃を加えると確実に核による報復があるので、核攻撃ができない）によって核兵器の使用が抑止されている、と考えられている。そこでMADの関係を完全に普遍化してしまったらよい、というのが提案の趣旨である。

まず、核を保有するのか、しないのかは、それぞれの国の自由である。ただし、核保有国は、少なくとも三カ国の核非保有国に対して「核の傘」をさしのべる義務がある。また、核非保有国は、「被保護国」として、核保有国から少なくとも三つの国を選び、「核の傘」を提供してもらう条約を締結する。核の傘をさしのべるとは、核兵器をもたない国が攻撃されたとき、その国の代わりに、攻撃を加えた国に核兵器で確実に報復してやる、という意味である。このようにすると、条約関係がリゾーム状（複雑なネットワークのようなもの）になるので、敵と味方という二大対立関係が中和されることになる。

第三の提案は、日本における米軍基地の撤去に関係したものだ。提案される方法は、矢部宏治の提案をもとにしているので「矢部方式」と呼ばれる。矢部方式は、憲法九条に、（外国の）基地の撤廃条項を入れ、それを根拠に米軍に基地の撤廃をせまる、というものだ。これは、フィリピンでは一九九〇年代に実際に成功した方法に倣っている。

以上をまとめると、九条は次のようになる。戦争放棄を謳う第一項はそのままだが、第二項は改正し、さらに第三項、第四項が付加される。

二、以上の決意を明確にするため、以下のごとく宣言する。日本が保持する陸海空軍その他の戦力は、その一部を後項に定める別組織として分離し、残りの全戦力は、これを国際連合待機軍として、国連の平和維持活動及び国連憲章第四七条による国連の直接指揮下における平和回復運動への参加以外には、発動しない。国の交戦権は、これを国連に移譲する。

三、前項で分離した軍隊組織を、国土防衛隊に編成し直し、日本の国際的に認められている国境に悪意をもって侵入するものに対する防衛の用にあてる。ただしこの国土防衛隊は、国民の自衛権の発動であることから、治安出動を禁じられる。平時は高度な専門性を備えた災害救助隊として、広く国内外の災害救援にあたるものとする。

四、今後、われわれ日本国民は、どのような様態のものであっても、核兵器を作らず、持たず、持ち込ませず、使用しない。

五、前四項の目的を達するため、今後、外国の軍事基地、軍隊、施設は、国内のいかなる場所においても許可しない。

（『戦後入門』五五一―五五二頁の九条改正案を引用）

大澤　『戦後入門』で言われていることは非常に考え抜かれていて、一つ一つ積み上げるようにして議論が進んでいくので、最終的な結論への道のりが非常に長い。あまりに長いために、結論に至ったときに、それまで歩んできた道が見えにくくなります。そこで本とは逆に、遡るようにして質問をさせてください。つまり、結論から根拠へと向かって質問させていただきます。

1　国連はどこまで信頼できるのか？

大澤　この本の結論的な主張は、日本が九条の精神を放棄せず、維持するには、単に今までの九条の条文を護持するだけではダメで、九条を強化しなくてはならない、ということだと理解しました。その九条強化案の最大の柱は、国連中心主義です。国連中心主義には、日本のアメリカからの自立という意味も含まれていると思います。加藤さんのアイディアでは、日本の軍隊を、国連待機軍と国土防衛隊とに分け、前者は国連の指揮下に入る。現在の日本の軍隊（自衛隊）は、米軍待機軍化しているわけですが、これを国連待機軍に変える。したがって、日本の国の主権の一部（交戦権）を国連に委ねる、ということになろうかと思います。ここで、質問です。簡単にいえば、国連はそこまで信頼できるのか、ということです。

国連でもっとも力を持っている国はアメリカです。そのアメリカは、建国の理念、あるいは憲法に織り込まれた理念に照らしてみても、明らかに「劣化」している（加藤さんがこの本で頻繁に使っている「劣化」という言葉を活用させていただきます）。でも、その劣化の度合いは、アメリカよりも国連のほうが大きいんじゃないか。今なお日本はアメリカに依存しているわけですが、政治的な駆け引きの場となっている国連に依拠などしたら、もっとひどい状況になってしまうのではないか。一般的には、そういう疑念をもちうると思うのです。この点について、加藤さんはどうお答えになりますか。

加藤　答えとしては、「国連は信頼できません。だからこれを信頼できるかたちに誰かが再建させなければならない。これに日本が名乗りをあげよう」となるでしょうか。順序を追っていえば、こうなります。日本は戦後ずっと、アメリカとの関係を前提にして安全保障を考えてきたわけです。でもそれでは先がありません。では、どうすればこの関係を解除し、日本の安全保障を確保できるのか。そう考えたときに出てくるのが、国連というカードです。

もちろん、先ほど言われたように、「国連よりもアメリカのほうがまだ信用でき」ます。

しかし、アメリカが相手だと、政治的な自立・自由のフリーハンドを手に入れることは困難です。アメリカ中心の国際秩序からの離脱も不可能に近い。ではアメリカと袂を分かち、なおかつ世界秩序の中に収まるような道を見つけるにはどうすればいいか。そういう問いが、ここから出てきます。ですから、日本のまえにあるのは、「信用できるが、服属するほかないアメリカ」を選ぶか、「信用が低く、リスクはあるが、自立の可能性のある他のオプション」をめざすか、という選択肢になる。

その選択のカギとなるのが、「信頼圏」という概念です。この概念については、紙幅の都合もあって本には書けなかったけれども、この構想にヒントを与えてくれるのが、戦後ドイツの経験です。

冷戦が終結するまで米ソは、ヨーロッパを両国間の戦場に想定していました。ヨーロッパは、米ソ両国が保持する中距離核ミサイルの射程圏内に収まっていたのです。ところが一九八〇年代になると、東欧諸国においてはソ連から離脱を図る運動が、西欧諸国においてはアメリカから離脱を図る動きが、あるいはこの二大国をそれぞれに排除する運動が起きてきます。前者を代表するのがポーランドの「連帯」、後者を代表するのが西ドイツの「反核運動」です。

こうした中で旧敵国である西ドイツにはアメリカNATO軍が駐留し、西ドイツはアメリカの安全保障戦略の中に組み込まれてきた。ところが九一年にソ連が崩壊して冷戦が終結すると、西ドイツは東ドイツという巨大な債務を引き受け、その延長上でアメリカとの距離を徐々に広げていき、それと並行してフランスからの信頼を獲得していく。ヨーロッパ全体からも信頼を得るようになり、九三年のマーストリヒト条約発効によって、EUが誕生。このようにしてドイツは、EUという対米自立のための「ゆりかご」、信頼圏を用意することで、アメリカからの離脱を果たすのです。

これがなかったら、ドイツは再びヨーロッパに覇をとなえようとしているぞ、とアメリカがいい、周囲の警戒の声が高まって、ドイツの対米自立は難しかったでしょう。

もちろんドイツは、当初からそれを目指していたわけではありません。なぜならEUは、EEC（欧州経済共同体）、EC（欧州共同体）から連綿と続いているものですから。しかし、EU誕生に至るまでの流れをつぶさに見ていけば、こうした見方ができるわけです。

第二次世界大戦の敗戦国である日本が、ドイツと同じように対米自立を目指すなら、同様に、アメリカに代わる信頼圏が必要になる。そこですぐに思いつくのは近隣アジア諸国との信頼関係に基づくゆるやかな連合体です。しかし、この信頼圏は、東アジア共同体の構想が鳩山民主党政権などで提起された二〇〇九年頃なら、まだ可能性がありましたが、二〇一〇年に中国が日本を抜いてGDP世界二位になったあたりから、アメリカの対中「封じ込め政策」がはじまると、日本はその先兵の役割を持って任じるという形に進む。そしてもう実現可能性の少ないものになってしまいます。残るは国連くらいしかない、というところから、この提案は出てくる。ドイツはいかにしてアメリカの支配から離脱し、信頼圏を作り上げたか。その比較のうえで、「まだまだ弱体の国連」を日本にとっての信頼圏に育て上げることが、いまひとつのチャレンジングな課題なのだと、そう受けとってもらえばよいと思います。

2　対米自立と国連のバージョンアップ

大澤　「信頼圏」という言葉こそ使われていませんが、加藤さんの『戦後入門』にはそういう主張が織り込まれていることは分かります。日本としては、アメリカからの自立を目指すとしても、アメリカと対立するわけにはいかない。平和裡に自立を果たすにはどうすればいいのか。そのような問題意識を、はっきりと見て取ることができる。

ながらく戦後日本は、日米同盟に基づいて物事を考えてきました。ところがこの同盟関係は対等ではありません。こうした中で日本人は、安全保障のみならず、すべての重要な政治的・外交的な意思決定を、いわばアメリカにアウトソーシングしてきた。重要なことはアメリカが決めてくれなければ、日本は何も決められないのです。

たとえば、TPPにしてもそうです。いったんTPP交渉に入ってしまえば、日米間で利害が一致しない点もありますから、日本は独自に自国の利益をまもろうと駆け引きを行いますが、アメリカがTPPへの参加を決めなければ、そもそも日本は参加しなかったでしょう。中国のアジアインフラ投資銀行に、アメリカがもし加入したなら、日本も必ず入るはずです。つまり、重要なことに関しては、すべてアメリカに従っているわけです。

日本は、アメリカがゴーサインを出さなければ何も決められない。ですから、国政選挙で脱原発を訴えて、ドイツの緑の党のように相当数の議席を獲得したとしても、日本の脱原発をアメリカが望まなければそれは実現不可能です。そうなると、日本の政治はつまらなくなる。若い人たちが政治に興味を持てなくても、無理もありません。極端なことを言えば、日本が自分で決められるのは、消費税を八％から一〇％にすることぐらいです。

こうした状況を何とかしなければならない。本当の意味での主権を取り戻さなくてはならないと僕は思います。ほんとうのことをいえば、現代のポスト近代の状況では、国家の主権は、事実の面でも、規範的な理念としても相対化されているし、されなくてはならないわけですが、それは、いったんは主権を我が物にしてからの話です。

先ほど加藤さんが言われたように、ドイツはEUという信頼圏を、あくまで自分たちが主体的にコミットし、選択した共同体として確立しました。現にドイツはEUの中で主導権を握り、たとえば現在の難民問題についても積極的に発言をしています。しかし、日本は、国連にそのように主体的にコミットできないのではないか、と恐れます。もし日本が国連に依拠したとして、たとえば北朝鮮がきわめて挑発的な行動に出たとして、自分たちでその問題を解決しようとするのではなく、「国連が何かを決めるまで待ちましょう」ということになってしまうのではないか。ですから、私たちが主体的に決断していけるような信頼圏の確立を目指すべきではないかと思うのですが、この点についてはいかがでしょうか。

加藤　僕がイメージする国連中心主義は、今の国連体制の延長線上ではないんです。

今の体制では、日本は発言権を持つことができません。アメリカ、ロシア、イギリス、フランス、中国から構成される安保理常任理事国は、NPT（核拡散防止条約）と連動していて、これらの国は核保有国であると同時に拒否権を持っている。それに対して日本もドイツも旧敵国ですから、国連内の地位でいえば一番下です。核のことも考えれば、NPTという枠組みを外して、核保有国クラブ＝常任理事国の特権をなくさなければ、日本が発言権を持つことはあり得ません。しかし彼らがその既得権を手放すはずもなく、実際、NPTという枠組みのなかで彼らの既得権を撤廃しようとする試みはことごとく失敗してきました。

国連ができた時、「特権国があるのはよくないが、現実的に考えたら妥当だ」という考え方が通った。当時の状況を考えれば仕方のないことですが、それからもう七〇年が経っています。六〇年代には、アフリカの国々が相次いで独立したため、一国一票主義を原則とする国連総会で、アメリカの意見が通りにくくなった。アメリカは国連分担金の最大拠出国ですが、国連は役に立たないということで、そこから撤退していく。その影響もあり、国連の弱体化はかなりのところまで進んでいますが、それでも、国連に代わるような組織は、今のところ見当たりません。だとすれば、国連総会の権限をもっと引き上げ、安全保障理事会の常任理事国も現在のメンバーの固定化を見直すようにし、国連をより民主的な組織に変えていくしかありません。一番地位の低い、しかも拠出金がアメリカについで高い日本が、その立場を貫いて、この変革をほかの国に訴えるのは、面白いチャレンジではないかと僕は思うのです。

政治の役割というのは、しっかりとした方向を提案し、堅実な実行手段を用意し、最初は不可能と思われたことを実践を通じて可能なものに変えていく点にあると、僕は思っています。しかし日本にはそういう感覚が希薄で、何か言うと、すぐに「現実性がない」などと批判されてしまう。でも、EUにしても、ドイツがあれだけ尽力しなければ実現しなかったでしょう。そして当時のドイツがあれだけ頑張れたのは、それしか方法がなかったからです。彼らにはもう、ほんとうにそこにしか活路はなかったのです。

一〇年先のことを考えれば、日本もそういうところまで追い込まれつつある。「明日」のことを考えれば護憲でもいいわけですが、「明後日」のことまで考えれば、このままでは駄目です。国連にお金や人材、また技術、意欲、目標といったソフトを注ぎ込んでいくだけの理由を現在の日本はもっています。ですから、国連のあり方を変えるために、率先して平和的に貢献していく。そしてまず、その「貢献」を担保に、日本への不信を払拭し、対米自立を実現させる。中国・韓国・北朝鮮との関係も、このことがあってはじめて打開することができるでしょう。国連中心外交がより大きな東アジア「信頼圏」創設の起爆剤にもなるわけです。

あと、これまでにない挑戦をしようとすると、「それは日本の国民性に合わない」としばしば言われますが、何もしなければ何も変わりません。そして実は、幕末期、日本人はそれまでの「国民性」に合わないことをやって「国民性」を変えるということも行ったのではないでしょうか。必要なら、新しい「国民性」を作り出せばよいのです。今の日本は、そこまで追いつめられている。僕はそう考えています。

大澤　分かりました。いまの国連に適応していくということではないんですね。

加藤　そうです。今の国連のままでは話になりません。

大澤　そうではなく、国連に主体的にコミットし、自分たちが国連を変えていく。あるべき国連を目指し、いろいろと力を尽くしていく。ちょうどドイツがＥＵという信頼圏を作り出したように。
加藤　ＮＰＴも、国連改革と連動して変えていく。そういう構想を描いています。
大澤　普通に考えれば大変なことですが、いまはそれをやる以外にないということですね。素晴らしいアイディアだと思います。

3　「普遍的な正義」の再定義

大澤　それに関連づけながら、次の質問に行きたいと思います。加藤さんは『戦後入門』で、国連と憲法九条は、そもそも車の両輪のようなもので、同じ理念の二通りの表現であったと指摘されています。一九四五年に設立された国連の源流は、第一次世界大戦後の一九二〇年に発足した国際連盟にまでさかのぼることができる。その頃に芽生えた理念が、さまざまな経験を経て熟成され、国連というかたちに結実する。ですから、国連の根拠になっているのは、二〇世紀前半から中盤にかけての理念なんですね。その過程で、世界秩序や平和、その基底にある正義というものが概念化されていったわけですが、二一世紀の今日の観点から捉えたとして、それらは妥当するのかどうか。
ここ一〇〇年ほどの哲学・思想の歴史を見ても、正義の普遍性はかつてほど信じられていません。つまり、普遍的に妥当する正義という理念が存在しうる、ということについて、今日の思想や哲学の多くは懐疑的です。こういう懐疑は、高尚な思想や哲学や学問の領域だけで生じているわけではありません。庶民感覚としても、「普遍的な正義」というものに対する信頼感は薄れてきている。しかも、そのことは政治的にも効いている。たとえばイスラム国は、「西洋が提示してきた正義の概念をすべて否定する」と言っているとき、あるいはイスラム国には、空爆や軍事行動によって対処するしかないと考えられているとき、どちらの陣営にも説得力があり、納得して受けいれられるような普遍的な正義があるということが、どちらの陣営にも信じられていないのではないでしょうか。「文明の衝突」などということも、そういう文脈で言われているわけです。あるいは、いわゆる「原理主義」が批判されるとき、間違った正義の概念を標榜しているから批判されているのではなく、そもそも、何であれ、特定の正義の概念に固執し、それを「普遍的」であるとみなして他者に強要していることが批判されているわけです。二〇世紀の末期以降は、特定の正義の「普遍性」に執着することこそ最も悪いことであるかのように言われてきました。

しかし、国連が創設されたときには、人々は、普遍的に妥当する正義の概念がありうるという前提に立っていました。だからこそ、国連が可能だったわけです。けれども今や、国連を通じて、我々が正義を目指そうとしても、すでにそれは見失われているのではないか。そもそも、そんなものは存在しないとすら考えられているのではないか。この問題についてはどうお考えになりますか。

加藤　普遍的な価値観に対する信頼感、あるいは説得力がなくなってきたのは確かでしょうね。そしてそれが現在の国連の弱体化と関係があるのではないか、というのもその通りだと思います。けれども、ひるがえっていえば、これまでもつねに政治とは、その普遍妥当な価値を創出する人間の活動だったのではないでしょうか。それがなければ、それをもう一度作りだすことが新しい政治の目標となる。そういう働きが政治なんだと思うのです。では、普遍妥当な価値とは何か。いまは、そういう問いをまえに、正義という概念の再定義が問われている段階なのだと思います。

たとえば、カントの真善美でいうと、正義は、これまで論理的な規範的価値や倫理的な規範的価値として真や善という範疇で受けとめられてきたわけです。でも、カントの真善美にいう美の規範的価値のあり方は、それとは違いますね。美とは、そもそものような意味ではふたしかで、証明できないものだからです。だからといって、ないとは言えない。それでカントは、美というのは、これは美しい、この美しいものを、ほかの人もきっと美しいと思うはずだ、と人に思わせるもの、また、そう人が思うことが、美の本質なのだと言っています。これは美しい、ほかの人はどうか知らないけど、ではなく、きっとほかの誰もが、これなら美しいと思うはずだ、自分もそうだ、という間主観的な価値が美だというのです。
僕は、いま正義は、いったんこれまでの普遍的価値の座から遊離して、漂っているところだと思う。政治の活動を起動し、その相互主観的な再定義がめざされるべきだと思います。正義というのは、定義できない、でもどこかにある。そう誰もが思っている。そういう信憑のかたちで、普遍的に存在しているし、しうるものです。それを正義の本質と考え、相互了解のテーブルを作り直していきたい。そういうことが、可能であるばかりでなく、いま必要なのではないでしょうか。

大澤 近年、「じつは正義など存在しないのではないか」というシニカルな気分が時代の精神となりつつあります。井上達夫さんがしばしば批判的に言及する諦観的平和主義（長尾龍一）も、そうした時代の精神に支えられて説得力をもつ。諦観的平和主義というのは、誰かと誰かが喧嘩（戦争）していたとき、「諦めて、見ているしかないいんじゃないか。そもそも、正義にコミットしようとするからいけないいんだ」という態度です。何が正義かわからない。だから、それぞれ自己主張するしかない。しかしそれでは衝突が生じてしまうので、あまり自己主張しないようにしよう。そういう感覚が広がっている。憲法九条も、多くの場合、（そんな言葉こそ使ってはいませんが）諦観的平和主義を意味するものとして受け取られているように思います。しかし、諦観的平和主義には限界があるというのが井上さんの意見で、僕もそう思うんです。加藤さんは、僕の解釈では、やはり、諦観的平和主義を排して、国連創設時の理念に立ち戻り、そこから改革を進めるべきだと主張されているということになろうかと思います。

4 二段構えの「国連中心主義」

加藤 そう思います。ただ、いま述べたように、そこで日本が国連再建に乗り出す場合の根本理念は、国連創設時の理念を再検討し、国連を再構築していく運動のなかで摑まれ、再定義されていくことになるでしょう。

これについて、もう少し言うと、国連中心主義として僕が考えていることの一つは、そうした国連の再強化、創設時の理想の追求の担い手に日本が名乗りをあげるということですが、それは最終目標です。いわば最大綱領のようなものです。もう一つ直近の目標がある。それが先に述べた国連中心外交を対米自立のための信頼圏創設に結びつけることです。こちらは最小綱領のようなもので、僕の国連中心主義の提案は、実は二段構えなのです。まず直近の目標をめざす。そして対米自立を実現する。そこから最終目標への道が開けてくる。

ですから、その限りでは、いまの国連が、創設時の理念からかけ離れていることは、やるべきことが多くなるということではあっても、国連中心主義に舵を切るうえでは大きな障害とはならないのです。

そのうえでの最終目標が、いまある問題点を克服し、国連を少しでも初期理想の形に近づけていくことです。この二つは異なる目標ですが、密接に関係している。というのも、対米自立を実現するには国連中心外交への転換が必要ですが、国連強化を先頭に立って主導していくにはその前提としての政治的自由の獲得＝対米自立が必要となるからです。

大澤　読者のために整理すると、第一に、ただ米国との同盟関係を切るということだと、日米関係が悪化するわけですが、国際平和のために同盟先を米国から国連へと発展的に置き換えれば、米国も文句は言えないだろう、ということですね。第二に、日本は、積極的に平和主義外交によって国連を再構築しなくてはならない。この二つは内容的には別のことですが、実際の外交においては、双方同時でなくては実現できない。対米自立のためには、積極的に平和主義を謳い、国連中心主義にコミットしなくてはならない。国連で独自の外交をするためには、米国から自立していなくてはならない。以上の点ははっきりしたとして、さらに前に進めさせてください。

5　九条の理念と国連待機軍

大澤　次に伺いたいことは、ここまでの話のさらに前提となるようなポイントです。「戦争と正義」の関係について伺いたいと思います。一方に、正義のためであれば戦争や武力行使は許される、いや積極的に戦争すべきである、という考え方がありえます(正戦論)。他方で、逆の極端として——九条を最も厳格にと言いますか、真に字義通りに解釈するとこうなると思うのですが——、すべての戦争、すべての武力行使は悪だという考え方もあります(絶対平和主義)。この両極を設定した上で、加藤さんの考えを解釈しますと、加藤さんはこのどちらでもない。まず、自衛のための戦争であれば許される(正義に反してはいない)、しかし、それ以外の戦争は、一般に正義に反している。これが加藤さんの立場ではないかと思いますし、多くの護憲派の考えもこれに合致します。私の疑問は、この考えは、交戦権を国連に委譲する、という加藤さんのもうひとつの主張と矛盾しないのか、ということです。国連待機軍は、国連によって正義と見なされたときに軍事行動に出ることになります。それは、単なる自衛ということを超えた、正義のための戦争ということにはなりませんか。

加藤　これも、国連をいまの国連の延長上に考えるところから出てくる疑問でしょう。

まず、自衛のための戦争であれば許される、という考えですが、僕はそうは考えていません。憲法九条の交戦権の否認は、自衛のための戦争でも、それが国権の発動としてであれば認めない、というものです。認められるのは、国権つまり交戦権の発動としてではない戦争で、これが国連による平和維持、回復のための警察行動にあたります。ですから、国の交戦権の否認とは、絶対平和主義に似ていますが、国連軍の世界警察軍的な役割を待望し、その実現をめざす点で、それとは違っているのです。ですから、戦争を回避するための現実的な方策は、すべての国が交戦権を国連に移譲することである。そして許される唯一の戦争は、国連による警察行動しかない。それが九条の本来の考え方なのです。僕はそこに戻ろう、と言っているわけです。

アインシュタイン[1]やラッセル[2]、湯川秀樹[3]らも、この点に関しては同じです。すなわち、世

1――アインシュタイン Albert Einstein（1879－1955）ドイツ生まれの物理学者。特殊相対性理論、一般相対性理論等の提唱者。戦後、核の廃絶をめざして世界政府論を唱え、一九五五年、死の直前に、「ラッセル＝アインシュタイン宣言」に署名した。

2――ラッセル Bertrand Arthur William Russell（1872－1970）イギリスの哲学者、論理学者。『プリンキピア・マテマティカ』などの著作がある。核兵器の廃絶を訴える「ラッセル＝アインシュタイン宣言」に署名するほか、ベトナム戦争を厳しく批判するなど、社会的活動にも尽力した。

3――湯川秀樹（1907－81）理論物理学者。中間子の存在を予言し、後にこれが実証され、ノーベル物理学賞を受賞。平和運動にも貢献し、「ラッセル＝アインシュタイン宣言」の共同署名者となり、世界連邦運動に尽力した。

界に平和を維持するためには警察力が不可欠である。その究極の手段としては世界警察軍しかない。したがって、世界警察軍による武力行使は、国権の発動としての戦争ではない。あくまで戦争を制裁・抑止するための手段であって、各国の交戦権の発動を抑止するにはこの方法しかない、と。これが、交戦権を国連へ移譲する際の根拠となる考え方で、そのために、あくまで世界警察軍の前期段階としてのみ、国連待機軍が許容されるわけです。

現在では、ＩＳのような「ならず者」に対する武力行使も、安保理の常任理事国すべてが賛成すれば可能になります。しかし、この本来の考え方に立てば、ＩＳには代表権がありませんから、そのＩＳに対して国連は武力行使をすべきではない、となります。それを行うまえに、ＩＳに代表権を認める努力がなされなくてはなりません。このことからも分かるように、五カ国からなる安保理の常任理事国の体制は、国連の初期理想とのあいだに乖離をもっている。ですから、かつて第三世界といわれたアジア・アフリカ諸国の代表も参加する国連総会の権威を、安保理と同じくらいまで引き上げる。また安保理のあり方も見直す。そういうことを日本は主張し、国連を民主化し、強化するためにお金や人材を注ぎ込んでいく。そういう努力を通じて、国連を当初のありうべき理想に近づけていくことが、対米自立を果たし、国連再建を主導する日本には、求められることとなるわけです。

大澤　なるほど。暴力は一般的に悪だとされているわけですが、警察が暴力をふるうことは認められている。なぜなら警察は秩序を維持するために、やむを得ず暴力を用いるわけですから。それで言うなら国連待機軍は、戦争を抑止するために武力を行使する。つまり、戦争ではない戦争と言うこともできそうです。

加藤 ただ、交戦権を国連に移譲する場合、自国が攻撃を受けたときにどうするかという問題がある。国連に支援を要請して、国連警察軍が到着するまでに、どうしてもタイムラグが生じてしまう。それまで各国は、何とかして独力で防衛するしかありません。そのタイムラグを埋めるために、国連憲章は、第五一条で「安全保障理事会が国際の平和及び安全の維持に必要な措置をとるまでの間」、いわば例外的措置として、各国が「個別的又は集団的自衛の固有の権利」を発動することを認めています。本来の趣旨からいえば、例外的なケースだが、その限りで、各国が軍隊を持つことは認めざるを得ない、と述べているのです。ですから、僕は、自分の九条強化案では、その理念を生かすため、そこでの自衛のための国土防衛隊の戦闘活動は、憲法が禁じる国家の交戦権ではなく、あくまで人民の自衛権に基づくとしています。

大澤 国家の自衛権と人民の自衛権を分けて考えるというのも、非常に独創的なアイディアですよね。後者を行使するのが、国土防衛隊ですね。

加藤 山室信一さんの『憲法9条の思想水脈』（朝日選書、二〇〇七年）に出てくるカントの

『永遠平和のために』の言葉がヒントになりました。この本を読むまでは、ＧＨＱの憲法草案作成を指揮したチャールズ・ケーディス[4]をけっこう評価していたのですが、戦後のケーディスの証言も、そんなにあてにならない。山室さんはこの本で直接そう書いているわけではありませんが、そういう感じで見ています。そこは教えられましたね。

憲法制定権力であるアメリカは、自らが決めた憲法を守る必要がありません。ですから、いくらいいことを憲法に書き込んでいても、ケーディスをはじめ、憲法制定にかかわったＧＨＱの人たちは、その時々で言うことが違う。そのあたりの経緯を見直してみると、我々はあの憲法にだいぶ下駄を履かせて評価してきたのかもしれない。それを取り払ってみると、相当違って見えるんですね。

だから僕は、アメリカの初期理想が先生だとは思っていません。彼らが先生にしたものにまで遡及しないといけない。アメリカによって強いられた無条件降伏とポツダム宣言にしても、じつは別物ですね。ポツダム宣言を支えていた連合国全体としての理念と占領政策に結実するアメリカの大義は、まったく違います。

大澤　普通は、憲法制定権力によって国民は拘束されるわけですが、日本の場合、そうなっていない。憲法制定権力は、主として、ＧＨＱにあったわけですから。一般には、憲法制定権力に拘束される国民自身が、憲法制定権力の源泉でもある、という循環が法哲学的な難問になるわけですが、日本国憲法ではそうなっていないわけですね。ということは、言い換えれば、憲法制定権力の担い手であるアメリカは、その憲法に対して責任を持っていない。

加藤 これは今回の本での、僕なりの発見なんです。

6 「核の三カ国」ルールとは何か?

大澤 なるほど。ではそれに関連して、それの延長上で、今度は、核兵器の問題について話をうかがいたいと思います。国連中心主義的な九条改正案に続く、加藤さんの二番目の結論は、核兵器の所有についての、実に驚異的な提案です。国連中心主義については、厳密には異なっていても、一見似たようなことを言うリベラルな論者はいますが、これからうかがう核拡散問題についての提案は、普通のリベラルや護憲派にはとうてい思いつかない。もとにはロナルド・ドーア[5]の議論があるということですが、びっくりするようなアイディアです。

4――チャールズ・ケーディス Charles Louis Kades (1906–96) アメリカの軍人・弁護士。GHQ民政局課長・次長として、憲法草案作成グループの長を務めた。

5――ドーア Ronald Philip Dore (1925–) イギリスの社会学者。日本の経済および社会構造を研究し、『イギリスの工場・日本の工場』などの著作がある。知日派として知られ、九〇年代以降、『こうしようと言える日本』『日本の転機』など、日本への独自の提言を行っている。

僕らは普通、核戦争の脅威を減らすために、どうすれば核兵器を拡散させずにすむのかという方向で考える。ところが加藤さんは、ある意味で、核を思い切り拡散させてしまえばよい、という。ただし、同時に、核の傘を、複雑に、いわばリゾーム状に張り巡らせていく。これは、核保有国を少しでも減らしていくという、現在の核抑止の考え方とは真逆の発想をしている。核の傘を複雑に張り巡らした上での核の拡散は、核兵器を使用できなくするので、核の廃絶と同じ効果をもつ、というわけです。

加藤さんのこのアイディアをもう少し説明しておきます。現に核兵器をもっている国があり、さらに核兵器をもちたいという国もあるし、状況次第でもたざるを得ないと考えている国もある。そういう国から核兵器を全面的に取り上げたり、核兵器の製造や所有を禁止したりすることは、ほとんど不可能です。そこで、そうしたければ、核を保有するのは構わないということにする。ただし、核兵器をもった国は、いくつかの核をもたない国に――少なくとも三つの国ということになっていますが――、「核の傘」を提供する義務を負わせる。では、ある国Aが核をもつことを選択したとして、その国はどの国に「傘」を差しだすか。それは、勝手には決められない。「あの国とは友好関係を保ちたいから」といった理由で、自分で「傘」を差し出す相手を決めてはいけない。A国が核をもつ場合には、「あなたの国の核の傘を借りたい」と言ってくれる（核をもたない）他国が、三つ以上なくてはならない、ということです。

　そうするとどうなるかというと、いわゆるＭＡＤ（Mutually Assured Destruction　相互確証破壊）の関係が、複雑に張り巡らされるわけです。ＭＡＤというのは、自分Ａが核兵器をもっていたとしても、相手Ｂも核兵器をもっている場合、こちらＡから核攻撃をしかけると、仮に相手Ｂに大きな被害を与えたとしても、必ずその相手Ｂから核兵器による報復を受けることになるので、それを恐れて、Ａは核兵器による先制攻撃ができなくなる、という原理です。相手がどこかの核保有国の核の傘の下にあれば、その国は、核保有国と同じことになります。

　これまでは、アメリカ、ソ連（ロシア）などの少数の核保有国の間でのみＭＡＤの関係が成り立っていた。加藤さんの提案は、このＭＡＤの関係を、一般化し、複雑化し、そのリゾーム状のネットワークによって、核保有国をがんじがらめにして、核兵器を使えなくする、ということです。「虎穴に入らずんば虎子を得ず」ということわざがありますが、虎穴の中に深々と踏み込んでしまうような戦略で、実に大胆です。コロンブスの卵のような驚きがありますが、しかし、やはり、これがうまく機能するのは、ひどく難しいのではないか、という心配があります。

　現在、核兵器を保有している国は、そのことによって、いずれも強い政治力を持っている。核保有による既得権はきわめて大きいので、いくら他国が抗議したところで、彼らが自分から核を放棄することはあり得ない。そういう、あり得ないことをいくら主張しても、仕方がない。それに比べれば、核の傘を一般化したほうがいいのではないか。加藤さんがおっしゃっているのは、そういうことだと思うんですね。

しかしこれは現実味に乏しいという心配もあります。どの国も己を守り、発言権を確保するために核を欲する。ところが加藤さんの案に従えば、その国は、必ずしも自分が好意を抱いていない国に対しても、核の傘を提供する義務をもつ。問題は、傘提供へのインセンティヴを、どうやって、核保有国に与えるか、です。たとえば、北朝鮮が核兵器をもち、日本がその傘の下に入るとします。日本に対して核攻撃を目論む国は、「そんなことをすれば、必ず北朝鮮から核による反撃がある」という確証をもっていなくてはならない。しかし、敵国にそんな確信をもたせることができるには、何か保証が必要ではないでしょうか。日本を攻撃しても、北朝鮮は日本を助けそうもない、と思わせてしまえば、核の傘は機能しないわけですから。

このように、核問題をめぐっては、どちらの案にも長所・短所があります。もし加藤さんの案に従うとすれば、ある意味で、より危険な道に入っていくことになる。というのも、銃規制になぞらえて考えてみれば、加藤さんの案は、銃の所有を禁じるのではなく、逆に、もちたい人は銃をもってもよい、ということです。ただし、銃をもったら、隣家の人たちとか、銃をもたない他の家族を、自分の銃で守る義務が生じるわけですが。

加藤　大澤さんの説明を聞いていると、我ながらハラハラしますね(笑)。しかしちょっと不正確なので、補足します。核保有国は三カ国、傘の提供依頼国をもたなければならないのですが、同時に、非核国は、自分の希望する三カ国の核保有国からの傘の提供の約束を取りつけることができるのです。ですから、北朝鮮の例は、お話のようにはなりません。北朝鮮は「必ず約束を守る」という「確証」を人に与えない。それで、三カ国の核の傘の提供依頼国をもてない。むろん日本も北朝鮮の傘には入りません。それで、この新システムのなかでは、たとえ核保有能力をもったとしても、核保有を認められないことになるでしょう。ですから、北朝鮮では、その代わりに中国、ロシア、アメリカに傘の提供国になってもらう、そのほうがよい、という代案が浮上するでしょう。それらの核保有国は、これを拒むことができません。その結果、北朝鮮は、この新システムのもとでは、核開発を断念したほうがよい、となります。こういう代案があるとわかれば、あくまでも核開発をめざす金正恩は、北朝鮮の内部でも孤立します。つまり、三カ国ルールは双方向的。ブレーキが多重になるので、銃の解禁ほどは危なくないのです。

でも、どちらが安全かといえば、たしかに一長一短でしょうね。とはいえ、僕の議論は、核抑止論でいくほうが「安全」だ、というほど単純ではないんです。ポイントは別のところにあるので、そこを説明したいと思います。

7　核廃絶の唯一のプロジェクト

加藤　このままいけば、核抑止論は破綻します。たとえば、ＩＳが登場してしまった。ＩＳには「失うもの」が何もありません。そうなるともう抑止論は効かない。核抑止策、またＭＡＤは互いに「失うものをもっている」ことが前提ですから、そうなれば、その前提が消えるのです。そしてその「失うもののない」ＩＳが核兵器を手に入れるのは時間の問題です。そのとき、世界はどうなってしまうのか。僕の方式でも、ＩＳやボコハラムは抑止できません。

でも、その意味ではＮＰＴも同じです。安保理の常任理事国がよってたかってＩＳを殲滅しても、また新たなＩＳが生まれてきます。ソ連邦解体のあと、行方不明の核も、プルトニウムも多い。核拡散防止はもう、限界に来ています。そして、向こう一〇年くらいのあいだには、さしずめスーツケースに入った小型核による自爆テロが起こる可能性が高い。そうなったとき、どうすればいいのか。もはやリゾーム状かツリー状かではなく、リゾーム状でもツリー状でも、ダメ、なのです。

そして、僕の提案は、そのような事態を見越したうえでの対案のつもりなのです。

一言でいってしまえば、NPTでの核保有国の既得権を無効にしてしまう。そして核廃絶をめざすしかない、というインセンティヴ（誘因）を彼らにも与える。それによって、すべての国が核廃絶をめざすしか生存を望めないという環境を作り出す。これがポイントです。NPTは、そもそもアメリカやロシア（旧ソ連）といった核保有国が、冷戦体制を前提に、自分たちの既得権を守るために作ったものです。ですから、核をあらたに持とうとする国が出てくると、それを阻止し、潰そうとする。建前でいえばNPTは、核兵器保有国の核兵器を削減し、核拡散の抑止を目的としています。しかし、実態は、既得権の保持を目的としているので、核全面廃絶をめざすプロジェクトが非核国から出てきても、必ず、これを潰すのです。二〇一五年のNPT再検討会議でも、二〇〇五年に続き、最終文書の採択ができませんでした。その結果、NPTによっては、核廃絶というゴールにはけっしてたどり着けないということが、この四半世紀でほぼ誰の目にもはっきりしてきました。

ですから、この状況を打破する必要がある。それにはただ一つの方法しかない。それがドーア発の僕の提案です。核のリゾーム化を推し進めることで、核保有国がもつ既得権を無効化してしまう。そうなれば危険度が、相変わらず残る一方、核をもつことのメリットはなくなります。ここまで来てはじめて、すべての国が核について同様に真剣に考える条件が生まれます。「これはまずい。みんなで核を禁止する方向に持って行こう」となるのではないでしょうか。そこまでいわなくとも、たとえば、全非核国にこの対案を示し、働きかけ、全非核国が共同して、こういう対抗策があることを核保有国に示し、譲歩を引き出すことができます。我々の核廃絶プロジェクトを阻止するというのなら、全非核国がＮＰＴを脱退するぞと言えばよいのです。その第一歩として、この新システムをたたき台にＮＰＴに代わるシステムを模索するという対案は、有効なのではないでしょうか。

大澤　最低でも核保有には三人の友達が必要で、誰でも核の傘を提供する三人の友達を指名できるのですね。

加藤　核保有と核の傘の「平等」と「開放」が実現され、核保有国が持つ既得権を無効化できれば、北朝鮮のような国は出てこられなくなります。こうした点についても、ドーアの提案は、非常によく考えられています。

大澤　一国だけでなく、計三カ国から、「核の傘」を提供してほしいと頼まれるだけの力がなくてはならないわけですね。考えてみると、意外とそのハードルは高い。たとえば日本が核兵器を保有するとして、どこかの三カ国に「核の傘」を提供してほしいと言ってもらえるかどうか……。

加藤　そのときは、きっと現在の常任理事国入りのような苦労をするんでしょう。僕の提案では、このリゾーム的なNPT解体案と日本の非核宣言化が一対になっていますから、それはありえませんが。僕の提案では、むしろそういう国が非核を宣言し、同時に「核の傘」をめぐる対案を携えて、いまや核廃絶を妨害するNPTに解体を迫るところに意味がある。それを、日本が行うことは、被爆国としての責務だと思うのです。

大澤　「核拡散」による核国際管理というドーアの提案でも、相互確証破壊（MAD）によって核抑止が働くという前提が置かれています。MADの基本的な考え方については、先ほど説明しました。しかし、あまり他の人は言わないことですが、僕は、ほんとうにMADの原理が効いているのか、という点について微妙に疑いをもっているのです。確かに、いくつかの核保有国がありながら、これまで核戦争が起きなかったことは事実です。そのことは、MADによる核抑止で説明されてきたし、当事者自身も、自分たちが核兵器を使わない理由をMADで説明する。しかし、ほんとうは、核兵器が使われない理由は、当事者もよく自覚していない、もっと別のところにあるのではないか。つまり、確実に相手から報復があるから核兵器を使えない、という言い方は、報復がないならば使うだろう、という含みをもっていますが、ほんとうでしょうか。報復の蓋然性などなくても、端的に核兵器を使えないのではないか。核兵器を使うことへの心理的な抵抗は非常に大きくて、報復への確証などという理由がなくても、使うことはできないのではないか。いかがでしょうか。

加藤　この七〇年間で核兵器が使われなかったことは事実です。たしかにそれは相互報復確証による核抑止力によっては説明できません。もしそうなら、米ソは、初期の米（英）ソ核独占の段階で、報復能力をもたない国、ないしどこかの小国に、核を使ったはずですね。報復される危険はないのですから。事実、マッカーサーは朝鮮戦争で原爆使用を提案して、トルーマンに解任されています。では、なぜトルーマンはそうしたのか。その時期、核はなぜ一度も使われなかったのか。

理由は別のところにある。つまり、核兵器の潜在的な国際法に照らしての違法性、非戦闘員に対する無差別の大量殺戮兵器であるというこの兵器の性格が大きな要因だったと思います。もし、それが使われて、いったん違法兵器と認定されたら、核兵器は戦略兵器としては著しく弱体化してしまいます。核の抑止力による覇権確立という至上目的それ自体に傷がつきかねない。日本のように核使用に対して非難も抗議もしない国など、ほかにあるとも思えません。相手国から猛烈な抗議がなされ、反対の国際世論が高まったら、核は少なくとも合法的には使えなくなる。これまでの努力が水の泡になります。そう考えると、実は核廃絶に向けた国際世論とそれを喚起する運動が、この七〇年間、大きな抑止力となってきたのだということになるのかもしれません。核兵器は、諸刃の剣で、今後は、一度っきりしか使えない兵器なのかもしれないのです。

核保有国間では抑止論が有効ですが、そこに「外部」を加えると、違法化という壁が立ちふさがる。そこはじつにフラジャイルです。その意味では、七〇年間にわたって核兵器が使われなかったということ自体が、一つの抑止力になっているのかもしれません。

また、抑止論については、耐用期限の問題もあります。抑止理論は、報復の合法性に基づいています。そして相互確証破壊体制にまで進むことで完成しています。超大国アメリカとソ連との間で、両国の原子力潜水艦がどこに潜んでいるのか分からないという状況が出現したことで、このMADによる均衡が実現しました。やられたほうが、必ず、海の底深く展開している潜水艦から相手の中枢に報復する。でもこの「恐怖の均衡」は、核保有国間の圧力釜の中の均衡です。イスラエル、インド、パキスタン、北朝鮮など違法な核保有国が増えてきて、ISのような集団が登場するようになり、その圧力釜も、いまや壊れかけているからです。

ただ、この不使用の事実を、核兵器使用への心理的な抵抗が大きいという一般論には解消したくありません。核の問題で、傍観者の立場には立ちたくないからです。抑止論は事実として、NPT体制と一対の存在です。この先、現状のすべてをどう打開できるのか。これを自分の問題として考え、ドーアとは違う観点からですが、彼の提案を転用できると気づいて述べてみたのが今回の提案だったのです。

第二次安倍政権下での、これまでの蓄積や過去を無効化する動きと、それに対する護憲派の思想的な弱体ぶりに相当な危機感がありましたから、『戦後入門』ではとにかく全てをカバーする構えで書きました。『敗戦後論』（講談社）を九七年に出した時も、敗戦という過去から目を背けるような議論が非常に多く行われ、議論が低迷していたことが引き金になりましたが、それと似たような危機感が、引き金になったというところがあります。

大澤　たしかに『敗戦後論』については、大きな論争が起こりました。ただ、僕は、批判的な反応も含めて、無視し得ないという高い評価があったからこそ、論争になったと思うのです。あの本は、戦後の日本人の最も痛いところをついていた。あの本は、多くの読者を落着かない気分にさせました。それに拒絶反応を示した人のほうが雄弁だったから、批判が目立ってしまったわけですが、それより大事なのは、多くの人の心を刺戟したということだと思うんです。今あの本が出ていたら、拒絶反応はもっと小さいと思います。もっと積極的で肯定的な反応が多くなったのではないか。ともかく、加藤さんはあの本で、戦後の日本人にとって「そこに触れられたら困る」という部分をはっきりと指摘したわけです。

8　原爆投下後の「覚醒」をどう考えるか？

大澤　では質問に戻りましょう。僕が加藤さんの『戦後入門』でもっとも印象深かった部分は、原爆を落とした側に、短期間ながら「覚醒」が生じたということについて論じた部分です。加藤さんはそれを、火花、「イスクラ」という言葉で表現されています。広島、長崎へ原爆を投下する決定に深く関与し、タカ派で対ソ強硬派であったバーンズ国務長官ですら、原爆投下後に、急に、共産主義陣営のソ連や中国に対し融和的な行動に出るという変化が生じている。もともとバーンズは、トルーマン政権の中で、ソ連に対しても日本に対しても、強硬な態度を取っていた。それなのに、加藤さんが紹介されているところによれば、原爆投下から二カ月くらいたったころから態度が急変し、トルーマンを無視して、ソ連に対して、「原爆関連の情報を開示してもよい」というようなサインを示すようにすらなるわけです。結局、彼は政権の中で孤立し、トルーマンから辞職を求められ、政権を去らざるをえなくなるわけですけれど。

ともあれ、原爆を投下したとき、（一部の）人間は「何か」を見た。あくまでそれは一瞬のもので、一年半もすれば、本人も気づかないうちに消えてしまう。しかしその瞬間に見たものこそが、本当は真実なのではないか。イスクラを例外に止めず、これを普遍化していったとき、われわれの目指すべき地平が見えてくる。たとえば、九条にも、イスクラの痕跡がある。大抵の人はそれを忘れてしまうから、「憲法九条は役に立たない」などと言う。僕の解釈では、『戦後入門』で提案されていることは、イスクラにおいて見たことをどのように普遍化するかということです。僕は、このように解釈して、非常に感銘を受けたのです。

原爆を投下する決定に関わったバーンズらは、ある意味でとてつもない悪を、人類への悪を犯したわけですが、原爆を落とした後に「回心」が訪れた。ところが原爆を落とされた側には、それに匹敵する体験がやや乏しい気がします。日本人は原爆を落とされたのに、それに対する批判の声があまり上がらず、むしろ「無力」と「沈黙」が目につく。原爆を落とされた日本人でイスクラを見た人が非常に少なかったような気がしてなりません。一体それはなぜなのか。加藤さんはこの点について、どうお考えでしょうか。

加藤　たしかにここには考えてみるべき問題がありそうです。歴史を振り返ってみると、殺傷能力の高い非人道的な兵器が戦争で使われるたび、それに対する批判が必ず起こっています。しかし、広島と長崎への原爆投下に対しては、それを投下した米国に対する批判があまり起こらなかった。特に日本からは起こらなかった。これは、かなりはっきりした特異性だと思います。

日本ではなぜ、原爆投下に対する批判が生まれてこなかったのか。すぐに批判が生じなかったのは、直後に敗戦があり、占領があり、まず廃墟からの復興が優先されたからですが、それ以後、一九五二年の講和成立後の原爆慰霊碑に「安らかに眠って下さい　過ちは繰り返しませぬから」と書かれると、「人類平和」に立脚する慰霊のもとに、「投下国への批判」が忌避されるようになります。それが現れても、ナショナリズムと結びつくことが多くなります。その意味で、五五年の原爆裁判は貴重な例外といってよいでしょう。そこでは被爆者自身が、国際法違反の米国に対して損害賠償請求権をもつことを理由に、その請求権を講和条約により放棄した日本政府を相手取って賠償を訴えているからです。政府の責任回避の姿勢も、戦後一貫しています。五四年に、原水爆実験反対の運動が盛り上がりますが、東西冷戦のもと、原水禁（社会党系）と原水協（共産党系）の対立を生んで、やがて人々にそっぽを向かれるようになります。イスクラの回心は、もしあれば、ナショナリズムを突き抜け、「絶対平和」の曖昧さにもとらわれず、日本の場合、新しい戦後の価値観に立って米国市民とともに米国の原爆投下を批判する、というような世界に開かれた「批判」の流儀に進んだはずなのですが、そういうものが日本から現れるのは、だいぶ後になってからでした。

9　原爆への「批判」と小田実

加藤　国際司法裁判所が一九九五年に開いた審理に証人出廷した平岡敬・広島市長は、日本の加害責任に言及した上で核廃絶を訴えるのですが、「私は原爆投下の責任を論ずるために、この法廷に立っているのではありません」と述べています。この発言は、「憎しみ」や「うらみ」から離れて、未来のことを考えようという意味でしょう。しかし、「憎しみ」や「うらみ」と「批判」は同じではありません。ところが、この二つが心理的に混同されて、いまさら「うらみ」を口にしても仕方がない、「批判」をしても意味がない、という風潮を生みだしてしまった。

平岡市長は、本来ならそこで、自国の戦争責任とともに原爆投下の責任を論じ、アメリカを批判することもできたはずです。アメリカは原爆を投下すべきでなかった、それについて私はアメリカを批判する義務がある、アメリカは原爆を投下したことについて謝罪をすべきではないかと――。アメリカと日本の間で、こうしたやり取りが長い間生じなかったのはなぜか。

坂本義和さんと庄野直美さんが監修した『日本原爆論大系』（全七巻、日本図書センター、一九九九年）を読むと、やはり日本には近代的な人権意識が乏しいのか、という感想が浮かぶのですが、それと同時に何が欠けているのかも見えてきます。僕の見るところ、はじめてありうべき考え方の範型が現れるのは、小田実[6]の「平和の倫理と論理」（『展望』一九六六年八月号所収、筑摩書房）に出てくる原爆碑に対する批判からです。ここで小田さんは、ベトナム戦争のアメリカを例に、自由と民主主義という原理ですら、それが国家の理念となれば、いくらでもただの人の自由と民主的な権利を圧服するための具になると述べています。「過ちは繰り返しませんというぼんやりした慰霊碑の言葉は、結局、日米間に「波風をたてまいとする」日本の国家原理に「密着しすぎている」と述べ、「連合国側が戦争犯罪人裁判の根拠としたのと同じ論理を用いて、原爆投下の当事者たちを告発する権利」、いや、「人類の一員」として「義務」があるとも言っています。そして、開かれたアメリカへの批判を、日本のアジアへの加害責任の引き受けへとつなげていくべきだと論じているわけです。

鶴見俊輔[7]は、小田実のこの批判を非常に高く評価しました。しかし、この論考が発表されたのは一九六六年ですから、戦後二〇年以上も、原爆に関するそういう論理が現れず、それを指摘する人間もいなかった。でも、これが日本の一般市民の教養のなさ、近代的な人権意識の希薄さのせいだとは思いません。むしろ逆かもしれない。小田は戦災死における非エリート性をさして「難死」と言うのですが、日本の知識人は、外国に行くとみんなエリートになってしまう。小田実のように、ある種非エリートのままに、草の根的な国際性をそこから

6――小田実（1932－2007）小説家、評論家。ベトナム戦争時に鶴見俊輔らと「ベトナムに平和を！市民連合」（べ平連）を結成し、反戦運動を展開。「日本はこれでいいのか市民連合」代表。著書に『何でも見てやろう』『「難死」の思想』などがある。

7――鶴見俊輔（1922－2015）哲学者。長年、「思想の科学」を編集し、ベトナム戦争時には小田実らと、ベトナム戦争に反対する「べ平連」運動を展開、後、「九条の会」に参加した。著書に『戦時期日本の精神史』『限界芸術論』『アメリカ哲学』などがある。

摑んでくる人が、圧倒的に少ない。そのことの歴史的な浅さが、ここに顔を出している。

小田は非エリートに徹して海外生活を経験します。子どもの時、空襲で人がバタバタ死んでいくなかで逃げ惑った経験を持っている。そのことを忘れない。すでに一九歳のときと、二四歳のときに二冊の小説を書いて河出書房新社から出版しています。そうした圧倒的な早熟性のうちにも、その一端は顔を出しているのですが、一九五九年にフルブライト基金でアメリカに留学をするにあたり、当時の平均的な日本人とはまったく異なる――お上りさん的でないい――気分的な背景を持って外国に出ています。そういう人間から、最初の批判が出てくる。彼にはそうした経験に裏打ちされた「難民的」ともいうべき草の根的な近代性が、いわば最初から、バックボーンとしてありました。帰国する際に世界を放浪して『何でも見てやろう』を書くのは、その原爆慰霊碑批判とひとつながりなのです。

これとは別に、海外生活の長かった森有正は、『木々は光を浴びて』（筑摩書房、一九七二年）という本で次のようなエピソードを綴っています。フランスの若い女性と話をしていて、三発目の原爆はどこへ落ちるかという話題になったとき、その女性はすかさず、「また日本に落ちる」と言った。驚いて「どうして?」と尋ねると、「原子爆弾を二発も落とされていながら、怒らない国なんてない。日本は原爆を二度も落とされたのに、アメリカに全然抗議をしない。だから、日本なら大丈夫と思われて、三発目の原爆の投下先も、日本になるだろう」。これは森有正の作り話ではないかとも言われていますが、きわめて鋭いところを突いています。

抗議も批判も怒りも、ない。その一方で、「憎しみ」や「うらみ」はいっこうに消えていません。二年前に『ニューヨーク・タイムズ』の国際版で一年間、コラムの連載をしていたのですが、一度、日本会議について調べていたら、ほぼ毎年、核武装論者の田母神俊雄を呼んで講演会を開いたりしている広島支部の被爆二世、三世たちが、奇怪な平和宣言を出していることが分かりました。その宣言には、原爆のせいで死んでいった犠牲者たちが発した、「兵隊さん、仇を討って下さい。アメリカの馬鹿野郎」という呪詛の言葉を風化させてはならない、と書いてある。今はさほど表面化していませんが、こうした内向した「うらみつらみ」が、今後、日本会議あたりから出てくるのは必定でしょう。

他方、昨年（二〇一五年）の八月一四日にも、アメリカによる広島・長崎への原爆投下について、安倍政権は「謝罪や反省」を求めないという閣議決定をしています。そのことを――新聞ではあまり報じられませんでしたが――知って、僕は驚きました。原爆投下は国際法上、いまだに違反とされていません。国際法違反の訴えは、個人の立場では起こせませんから、アメリカの原爆投下は国際法に反するという訴えを起こせるのは、政府だけです。一九五五年の原爆裁判で、日本政府が証人として出廷したときにも、政府は次のように答弁しています。日本政府は四五年八月に、アメリカによる原爆投下について、国際法違反との抗議を行ったが、それは「当時交戦国として」「主張したのであって、交戦国という立場を離れて客観的にみるならば、必ずしもそう断定することはできない」。このとき日本政府は、原爆投下を批判することについて、一度、自ら幕引きをしているわけです。

『戦後入門』にも書きましたが、日本がアジア諸国に謝罪ができないのは、自分自身が相手に謝罪を請求できないからではないでしょうか。「自分たちは二度も原爆を落とされたけれど、アメリカに対して謝罪を求めていない」。そのことが、横滑りして、「だから、こちらにも謝罪を求めないでくれ」になってしまっている。ですが、アメリカにきちんと謝罪を求めていれば、「アメリカに謝罪を求めたのだから、かつて自分たちがアジア諸国にしたことにも、きちんと謝らなくては」となるはずです。このように、アメリカに謝罪を求めないことと、中国、韓国に謝罪をしないことが、表裏一体の関係になっています。

大澤　怒り、批判すべきときにそれをしなかったために、かえって、恨みが消えなくなってしまった、という感じですね。戦後七〇年余りが経っているわけですが、加藤さんがここで主張されているようなアメリカへの批判が今後、出てくる可能性はあると思いますか。

加藤　むろん、出てくるでしょう。僕のものもその一つのつもりです。『戦後入門』を書いている時に、原爆慰霊碑の論理を最初に徹底的に批判したのが小田実だということを改めて知ったことは僕にとって大きな発見でした。小田が書いたものの中に、自分の考える民主主義の身体感覚が生きているのを確認しました。『敗戦後論』を出した時、そのことがはっきりとわかっていたら、間違いなくそこに肯定できる少数の戦後の思想家として、彼の名前を入れたと思う。今回僕は、そういうつもりで『戦後入門』に彼の名前を書き込んでいます。

ここでのポイントは原爆投下をめぐる米国批判が、ナショナリズムの観点からなされるのではなくて、米国が理念として掲げる民主原則、また国際法の観点に立って、世界のただなかでなされているということです。いいだももがかつて『アメリカの英雄』（河出書房新社、一九六五年）を書き、小田もこの後『HIROSHIMA』（講談社、一九八一年）を書きます。四五年に被爆し、五一年に自殺した原民喜の詩と小説なども、この新しい原爆観のなかでもう一度、見直されるべきでしょう。アメリカではカート・ヴォネガット・ジュニアが『猫のゆりかご』（一九六八年、原著一九六三年）を書いています。これも原爆が落とされた日にそれに携わった科学者の一人が何をしていたか、ということからはじまる原爆投下批判の小説ですから、同じ足場を共有しています。アーティスト集団のChim↑Pomが数年前、広島の空に「ピカッ」という字を浮かばせるパフォーマンスを行った（『なぜ広島の空をピカッとさせてはいけないのか』河出書房新社、二〇〇九年）。それなども、日本の従来の原爆観への批評として貴重な試みだろうと思います。また、僕は以前、原爆の代わりにクローン技術が開発されていたら、という想定のもとに書かれたカズオ・イシグロの『わたしを離さないで』（二〇〇六年、原著二〇〇五年）も、日本の原爆小説の系譜に連なると指摘しています（「ヘールシャム・モナムール――カズオ・イシグロ『わたしを離さないで』を暗がりで読む」『群像』二〇一一年五月号）。

このような試みを通じて、原爆投下をめぐる米国への批判が、これまでの日本の原爆観への批判、見直しと手を携える形で、さまざまなふうに広がっていく。また、それは、同時に、現在の日本政府のあり方への批判となっていくべきものでもあるだろうと思います。

10 イスクラ体験をどう「継承」するか？

大澤　なるほど。先ほども言いましたが、加藤さんのこの本で感動的なのは、原爆の開発に携わった科学者だけでなく、原爆投下の決定に深く関与した陸軍長官のスティムソン、そして国務長官のバーンズの二人が、タカ派でありながら、「回心」に近い振る舞いをしたということです。それは短期間の出来事でしかありませんでしたが、その時、「夢と理想」がイスクラによって照らし出された。そのことがとても重要だと思うんです。

もしかすると、アメリカはいまでも広島・長崎に原爆を投下したことをギルティー（guilty）だと感じているのではないでしょうか。

加藤　一九九五年のスミソニアン博物館での原爆展は、退役軍人協会などの強い反対で実質的な中止に追い込まれました。まだまだアメリカ国民の罪障感が消えていないことを教える出来事でしたが、同時に、このときのマーティン・ハーウィット館長の姿勢は、アメリカでのこの問題の取り組みがある意味で日本以上に真摯なものであることを示すものでした。

あと、最近の例をあげれば、二〇〇九年四月にオバマ大統領が核廃絶をめざす演説をプラハでしたあとで、七月にデザイナーの三宅一生さんが感動的なコラムを「ニューヨーク・タイムズ」に寄稿しています（"A Flash of Memory," 2009/7/14）。自分は被爆したということをこれまで公にしてこなかったが、オバマ大統領が核廃絶をめざすと演説したのを聞いて、「自分のなかに深く埋もれていた何か」が呼び覚まされた、彼を広島に招待するという広島市民の声に自分も加わる、ぜひ広島を訪問してほしい、と書くのですが、たぶんこの声にも背中を押されてでしょう。オバマ大統領が翌月、ルース駐日米国大使を通じて一一月の訪日の際の広島訪問を日本に打診させています。一〇月にはノーベル平和賞が決まりますから、もし実現していれば、直後の訪問となり画期的だったでしょう。それが、日本の藪内三十二《やぶなかみとじ》という凡庸な外務次官に平和勢力を力づけるのでやめてもらいたいと制止され、実現しなかった。そのことが二〇一一年にウィキリークスのリーク情報で明らかになっています。

その後、先に述べた『ニューヨーク・タイムズ』の連載コラムで、二年前に僕も原爆の問題を取り上げています。「原爆の犠牲者たちの長い孤独」（"Atomic Bomb Victims Stand Alone," 2014/8/13）というのですが、広島と長崎の被爆者は、まだ一度も世界から彼らの被った受苦と彼らの尊厳に値する敬意と同情を受けとっていない。いまだに国民たる被爆者の尊厳を守るための日本政府による抗議すらない。国際社会においても、いまなお投下国の「非」は公けに認められていない。その孤立はもう七〇年近く続いている、という内容です。でもこのコラムへのインターネット上での反発も、ハンパなものではありませんでした。

大澤　そうだと思います。だからこそ、「戦争を終わらせる戦略上、原爆が必要だった」ということを、ことさら強調するのではないでしょうか。

加藤　他方で、日本政府に、アメリカに謝罪を求める気持ちがない、というか、被爆者の尊厳を守ろうという気概が一切ない、というのも、なんとも異様な眺めです。

大澤　原爆が投下されたとき、間違いなくイスクラが散ったはずなのに、そこで見るべきイスクラをちゃんと見ていなかったということはないでしょうか。もちろん、物理的な意味での火花は目にしていますが、精神的な意味での火花、つまりイスクラを見損なったのではないか。その時もし、イスクラの体験が記憶され、書き記され、我々がそれを受け止めるという仕方で歴史にコミットできていれば、今とはかなり違う状況になっていた可能性があります。

加藤　ルソーの『社会契約論』のもととなったジュネーヴ草稿を読むと、社会契約を取り結ぶのはいいんですが、それをやった第一世代の親に対して、子の第二世代が、その契約は第一世代が結んだものにすぎない、自分とは関係ない、と反問してきたらどうするか、という問題に、じつはルソーがぶつかっていたことがわかります。第一世代によって形成された社会契約を、どのように継承していくのか。ルソーはこの問題に直面して悩んだあげく、市民宗教というものをひねり出し、結論の直前にとってつけたように記しています。

しかし、市民宗教によっては、縮小再生産にしかなりません。日本の戦後の問題も、それと同じです。第二世代にとって、第一世代が経験した敗戦とは何なのか。ある段階からその継承が、戦後の問題の中心になってくる。だから僕は『アメリカの影』（一九八五年）を出したあと、もはや戦争体験を「どう伝えるか」という問いでは駄目で、「どう受け取るか」というふうにこれを鋳直さなくてはならないと、新聞に書きました。

『敗戦後論』を書いたあと、ジョン・ダワー[8]の『敗北を抱きしめて——第二次大戦後の日本人』（岩波書店、二〇〇一年、原著一九九九年）が出版されました。これは戦後の第一世代について書いたものです。これを読んで、ダワーの仕事には意味があるが、いま、より重要なのは、

8——ジョン・ダワー John W. Dower（1938－）アメリカの歴史学者。日本近代史を専攻。『吉田茂とその時代』『敗北を抱きしめて』などの著作がある。

自分が扱った、ここにいう第一世代の戦後から第二世代以降への「継承」のほうなのだと思いました。『敗戦後論』に対しては、戦争の当事者でもないのに、なぜこんなに敗戦にこだわるのだ、と揶揄されたのですが、当事者でないからこそ、書く必要があったわけです。

「イスクラ」というのは、レーニンが[9]編集していた機関紙の名前でもある（笑）。創刊されたのが一九〇〇年で、もう一〇〇年以上も前のことになりますが、その時も同じような問題に直面していて、レーニンはそこでカントの問題意識を継承しているわけです。

大澤　世代交代が進むにつれて、イスクラの経験の継承が難しくなる。ただ、この件では、現にそれを見るという最初のステップで躓いているようにも思いますね。

ある出来事が発するイスクラが矮小化されることなく継承された例、その最も極端な例が、キリスト教だと思うのですね。イエス・キリストの死というのは、考えてみれば、たった一人の男が冤罪で死刑になったということですから、客観的な事実だけに着目すれば、もっと大きな出来事やもっとたくさんの犠牲者が出たことは、いくらでもある、ということになります。つまり、キリストの磔刑死は、ある意味では小さな事件です。しかしキリストの死を契機とする信仰は二千年以上も続き、人類の歴史を大きく規定した。キリストの死に居合わせた人々がそこでイスクラを目の当たりにして、その経験が継承されたわけです。

言うまでもなく原爆は悲惨な経験でしたが、そこにはイスクラがあった。だから、それを継承しなければならないし、加藤さんのこの本は、その契機を与えてくれる。
ただ日本人にとっての大きな困難は、原爆を落とされた側であるにもかかわらず、イスクラをちゃんと見ておらず、むしろ原爆投下を決定した側にイスクラの経験があり、ある種の「回心」を体験していることです。ですから僕らは、原爆投下に深くかかわったバーンズらの経験を媒介にして、イスクラを把握し直さなければなりません。

加藤 アメリカの政治学者、ガー・アルペロビッツの『原爆投下決断の内幕――悲劇のヒロシマ・ナガサキ』（一九九五年、原著一九九五年）には、原爆投下にかかわった人たちが、投下後に抱えた不安と疑心暗鬼をどう「管理」し、隠蔽したかが詳細に書かれています。邦訳も出ていますが、訳書の副題がひどいせいか（原題は *The Decision to Use the Atomic Bomb and the Architecture of an American Myth*［原爆投下の決定とアメリカ神話の構築］）、日本ではあまり言及されない。でもきわめてすぐれた本です。もちろん、日本にも研究がないわけではありませんが、まだまだ幅が狭い。

大澤 原爆投下を決定した当時の大統領トルーマンの評価は両極に分かれます。ルーズベルトの死によって突然大統領になった人ですが、最悪の大統領だったとみなす人もいれば、最

9――レーニン Vladimir Il'ich Lenin（1870－1924）ロシア革命を成功させた革命家。ソヴィエト政権の初代リーダー（人民委員会議議長）で、著書に『帝国主義論』などがある。

も優れた大統領の一人だと評価する人もいる。この両極性も、原爆投下についての罪責感と切り離せないと思うんですね。アメリカ人からすれば、究極の悪に関与してしまったという気持ちがあると同時に、それだからこそ、その行為、原爆投下の行為を正当化したいという気持ちもある。前者の気持ちからは、トルーマンへの厳しい評価が、後者の気持ちからは、逆に肯定的な評価が出てくるわけです。

11 「善意の支配者」と沖縄米軍基地

大澤 さて、ここまで、加藤さんの本に書かれている二つのこと、つまり国連中心主義と核兵器の問題について話してきました。次の話題に進めさせてください。『戦後入門』には、大きく三つの結論があって、そのうちの二つまでは話していただいたわけです。三番目の結論は、憲法に、基地撤廃条項を入れる、ということです。これについて質問をさせて下さい。

この論点について加藤さんは、矢部宏治さんの『日本はなぜ「基地」と「原発」を止められないのか』（二〇一四年）を参照しながら議論を展開されています。それによればフィリピンは、マルコス政権打倒後に憲法改正を行っており、その際、米軍基地の撤廃につながる条項を憲法に盛り込むことで、実際に基地撤廃に成功している。そのことに触れた上で加藤さんは、フィリピンのこの成功例を日本は手本とするべきではないかと提案しています。

加藤さんのこの案はすごく説得力がありますが、正直に言うと、僕は、日本人が本当に米軍基地を撤廃したいと思っているのか、疑問を持っています。もちろん、沖縄の大半の人たちは基地に違和感を抱いているでしょうし、撤廃したいと思ってもいるでしょう。それに対して、本土の人たちは、口ではそう言っても、本音は違うところにあるのではないか。フィリピンの例を見ればわかるように、アメリカ軍の基地を本当に撤廃させるなら、憲法九条に基地撤去を書き込み、それを楯に日米安保条約、日米地位協定の「法的拘束」を突破し、アメリカとの交渉に臨むということをしなければならない。もちろんアメリカは不快感を示すでしょうが、フィリピンの例でもわかるように、憲法を楯にしっかり交渉すれば、状況は変えられるはずです。

ただ、ここには二つの問題があると思うんです。一つは、日本と違ってフィリピンの国民は、アメリカのことを、極端な植民地主義者だと思っている。米軍基地に対してフィリピン国民は強い違和感や反感をもっていて、「在比米軍基地から利益を得ているのは抑圧者だけだ」という意識が拭い難くあるのではないか。もちろん日本人も、米軍基地に違和感をもっているわけですが、他方で、沖縄に我慢してもらい、基地から得られる利益を享受したいと思ってもいる。こうして沖縄にばかり基地が集中することになってしまったわけですから、沖縄県民にとっては腹立たしい限りです。どうしてそうなるかというと、日本人は、米軍を抑圧者とは感じておらず、逆に、基本的には、善意の救済者とみなしてきたからです。日米安保条約も、そうした観点にもとづく条約です。

これは、敗戦後以来の歴史的な事情によるものですが、日本人のもっと深い伝統に根付いたエートスといいますか、精神構造のようなものも、これには関係している。「いくらアメリカが強大で優れていようと、自分のことは自分で決めたい」と考えるヨーロッパと違って、日本人は「善意の支配者に支配されるのが一番楽だ」と思っている。日本人は伝統的に、パターナリスティックな支配にあまり苦痛を感じず、むしろ安楽を覚えるのですね。そういう根深い心性が、ここでは効いている。アメリカは善意をもって日本に接してくれているのだから、大事なことはアメリカに決めてもらえばいいと思っているわけです。

こうして本土の人間は、米軍基地を沖縄に押しつけているかぎり、日本は安全だし、アメリカが後ろ盾になってくれているから、プライドも保てる。とするならば、「矢部方式」を導入する前に、我々にはやらなくてはいけないことがあるのではないか――。これについて、加藤さんはどう思われますか。

加藤　日本とフィリピンの対米関係の違い、そして日本人のエートスですね。二つに共通しているのが「善意の支配者」ということだと思うので、そこから答えてみます。対米関係のほうから言うと、たしかにある時期までは、なんでもアメリカに決めてもらったほうが、日本にとっても都合がよかった。米軍に基地を提供する代わりに、アメリカの「核の傘」に入れてもらうことで、経済政策に専念することができた。吉田ドクトリンですね。そこから日本は、いろんな利益を得てきたわけです。

しかし、アメリカがベトナム戦争で疲弊する一方で、日本が経済成長でアメリカを脅かすまでになると、両国の関係に変化が生じてきます。七〇年代初頭の日米貿易摩擦は繊維交渉から始まり、八〇年代には自動車の輸出規制の問題へと広がっていきます。アメリカの要求はいよいよ理不尽なものとなり、日本は最初は金持ち喧嘩せずで、その要求を飲んでいるのですが、日本にも徐々にフラストレーションがたまってくるというのが、八〇年前後の江藤淳の占領研究などへの着手の時期です。でも、日米間で利害対立が生じても、なんとかその頃までのアメリカは、日本にとって基本的に「善意の支配者」であることができていた。

ところが最近では、そうではなくなりつつある。ＴＰＰがその典型例です。いまやアメリカだけでなく日本も貧乏になってきた。貧乏国どうしの熾烈な争いになってきたわけです。こうなると米国ももはや「善意の支配者」どころではありません。フィリピンが置かれた状況に近似しています。

また、エートスとして、「日本人は、米軍基地があることを、それほど気にしていない」

とよく言われますが、僕はそれをあまり信じていません。日本の知識人には、保革を通じて、そういうことを言う人が少なくありませんが、国民性の問題にすると、一種の日本ユニーク論になってしまいます。けれども僕は、三〇代の初めに三年半も日本から脱けだしていたので、そう思うのかもわかりませんが、人間である以上、どんな国民でも基本はあまり変わらないと思っているんです。だとすれば、米軍基地があることを、日本人がさほど気にしていないように見えるのには理由があるはずだ、となります。もし、その条件が崩れ、米軍基地の存在が明らかにマイナスだということになれば、日本人だって、もっと怒るだろう。それこそ、フィリピンの国民がそうであったように。

沖縄に米軍基地が集中していることに無関心で、フィリピンが米軍基地の撤去に成功したという事例にもあまり反応しないという状況は、これから少しずつ変わっていくはずです。フラストレーションはかなり高まってきています。安倍政権はそれを背景に支持を集めている。現状では、そこからむしろ逆の現れが生じているわけですが、大きな流れとしては、対米自立へと動いていく。僕はそう考えています。

12 沖縄の不信、本土の冷淡

大澤　沖縄には、沖縄独立論という主張がありますね。日本から独立すべきだという議論です。沖縄の中でも少数派かもしれません。実際、かつては居酒屋談義のようなものでしたが、しかし現在では、優れた知識人の中にも、沖縄独立論をとなえる人が出てきている。その中でリーダー的な役割を果たしている経済学者の松島泰勝さんとお会いした時、次のようなことを言っていました。

沖縄の基地反対運動のために本土からくる人がたくさんいるが、自分は、そういう人をあまり信用していないのだ、と。沖縄の基地問題を解決するには、基地を本土に移すか、日米安保条約を解消するかのどちらかしかない。ところが、本土からやって来る基地反対派もリベラル派も、そのことにまったく触れようとしない。だから、沖縄の基地に本気で反対しているとは思えないし、まったく信用できない、と。

たしかに本土の人たちの、基地に対する態度には曖昧なところがあります。沖縄の人たちが、基地をめぐって「我々は負けた」「我々は屈辱を受けた」と口にするとき、僕たちはその「我々」の中に深く入り込めているのかどうか。もし、入り込めているのなら、フィリピンとまったく同じことが起きると思うんです。しかし、僕たちは無意識のうちに、自分を傍観者の位置に置いてしまっているのではないか。当然、沖縄の人たちは、本土の人間のそうした差別意識に気がついている。本土の日本人はもちろん、法的には何の差別もしていないので、「差別なんかしていない」と思っているわけですが、実際にはダブルスタンダードに陥っています。

３・11で原発事故が起きた時の、福島の人たちに対する「我々」感と、米軍基地を背負わされている沖縄の人たちに対する「我々」感では、明らかにその質が違う。

沖縄では一九九五年九月に、三人の米軍兵士によって少女がレイプされるという事件があって、それをきっかけに基地反対運動が未曾有の盛り上がりをみせた。沖縄の人たちにとってそれは衝撃的な事件で、したがって、広く、深く記憶されているわけですが、本土では、今では「そんなことがあったの？」という反応が少なくありません。このことからも分かるように、沖縄は、本土の人たちが思い描く「我々」から歴史的に排除され、いまだにその状態が続いています。

本土の人が「沖縄の人さえ我慢してくれれば」と言うとき、沖縄の人たちは、他人と見なされています。「埼玉の人さえ我慢してくれれば」とは言えなくても、沖縄に対してはそれが言えてしまう。そのことが、基地問題を難しくしているのではないでしょうか。

加藤　沖縄と本土の格差は政治的・歴史的に作られたものですから、本土の人たちの間でそうした反応が出てきても、おかしくはない。でもそれを変えていかなければ問題が解決できないことも、同じくらいはっきりしています。米軍基地を県外へ移設できないのであれば、国外に移設してもらうしかない。それが受け入れられないとなれば、今回の僕の提案がそうですが、憲法を改正して日米安保条約から離脱するしかありません。米軍基地をいったん日本の外へ撤去した上で、状況によってはフィリピンのように、完全に平等な立場で基地をふたたび受け入れる。そういうことができなければ、今のような状況はずっと続くでしょう。そんなところが今は、普天間基地の移設問題ひとつをとっても、一向に解決できそうにない。そんな状況ですから、沖縄独立論が盛り上がるのも当然でしょう。

日本では言論人もメディアも、あまりにも弱いと思うんです。国際政治学者のチャルマーズ・ジョンソン[10]が二〇一〇年五月六日付「ロサンゼルス・タイムズ」の読者欄に、「新たな沖縄での闘い」（"Another battle of Okinawa"）というコラムを寄稿しています。これが非常に感動的な文章で、次のようなことが書かれてあった。

日本の鳩山首相は非常に臆病で話にならないが、もっとひどいのはアメリカ政府だ。基地を維持することに取り憑かれ、受け入れ国のことを顧みない。世界史的に考えて、沖縄ほど悲惨な場所は他にない。戦争で市民の四分の一が死に、その後はずっと基地を押しつけられている。アメリカでいえば、それはプエルトリコが置かれた状況と似ている（註：プエルトリ

10——チャルマーズ・ジョンソン Chalmers Ashby Johnson（1931－2010）アメリカの政治学者。『通産省と日本の奇跡』などの著作がある。対日強硬派として知られたが、冷戦終結後、米国の海外基地戦略の批判に転じ、最晩年に、沖縄からの米軍基地撤去を主張した。

コは米国の自治的・未編入領域で、一八九八年のパリ条約で米国の領土に編入されて以来、州でもなく独立国でもないという、不安定な立場に置かれ続けている）。自分（チャルマーズ・ジョンソン）が暮らすサンディエゴには全米最大の基地がある。普天間も、そこに持ってくればいい。沖縄のすべての基地をサンディエゴに持ってきても、まったく問題はない。そのとき、アメリカ政府は沖縄の人たちに謝罪をし、なおかつ礼を述べるべきだ、と。

チャルマーズ・ジョンソンは、それから半年もしないうちに急死してしまう。アメリカにはそういう知識人もいるわけです。

大澤　それはいい話ですね。

冷戦が終わってすでに久しいわけですから、アメリカにとって、沖縄に基地を置いておく必然性は薄れてきています。にもかかわらず日本政府は、基地の海外移設を主張することもなく、むしろ「これからもいて下さい」と言わんばかりの態度です。かたや沖縄では、一部とはいえ、一流の知識人を含む人々が「本土から独立したい」と主張しているわけです。実際に独立できるかどうかは別として、こうした声がまじめに出てくるということが、本土の日本人にとって非常に恥ずべきことです。

加藤　モンデール駐日大使（当時）も、九五年の普天間基地の返還交渉の際、「沖縄とは言っておらず、どこに配置するかを決めるのは日本政府」と言っていますよね。

大澤　ところが、日本にとってアメリカは重要だからという理由で、移設に反対するような研究者もいるわけです。

加藤　モンデールは、そのときの非公式協議でも「彼ら（＝日本政府）はわれわれ（＝米軍）を沖縄から追い出したがらなかった」と証言しています。チャルマーズ・ジョンソンにしても、彼は保守派と言われてきたのに、ある時期から立場を変えた。もともと彼はＣＩＡに勤務していたんですね。それで、冷戦が終わったときに、ソ連が消滅したから、これでアメリカも正常化するだろうと考えた。国外に展開している自国の基地も、不要なものは全て撤去するだろうと思ったわけです。ところが実際にはそうならず、いろいろ調べてみると、アメリカは世界中から搾取するために基地を必要としていることが分かった。そのことにショックを受け、彼はそれからは自国の政策に対し厳しく批判するようになる。それに比べると、大澤さんが言われたような日本の研究者は、あまりに臆病、傲慢、そして不勉強だと思います。

13　日米関係の「ねじれ」を深く問う

大澤　最後に、日米関係について、加藤さんの考えをお聞かせ下さい。

加藤さんは『戦後入門』で、「ねじれ」という言葉を何度も使っています。その背景には江藤淳の議論があるわけですが、僕はそこに少しだけ違和感を覚えたんです。

江藤淳的ナショナリズムからすれば、日本が自己回復を遂げるには、アメリカが後退し、そのプレゼンスは小さいほうがいいが、日本の安全保障のためにはアメリカという存在が欠かせない。しかし、僕の考える「ねじれ」は、日本としてのアイデンティティと安全保障の間に存するわけではありません。江藤淳の議論によれば、日本人のアイデンティティや自尊心のためにはアメリカは足枷だけれども、日本人や日本国家の安全のためにはアメリカが必要だ、ということになります。つまり、アメリカからの独立が必要な水準（精神的・文化的なこと）と、アメリカへの依存を必要としている水準（政治や安保に関係すること）とが、くっきりと分かれる、というわけです。

しかし、日米関係に孕まれたねじれは、もっと深刻なのではないでしょうか。つまり、戦後の日本人が自国にプライドを持ち、アイデンティティを形成する過程で、無意識ながら、アメリカからの承認をあてにしていたのではないか、と思うのです。おそらく日本人は、「東アジアの中で、日本は一番いい国だ」とひそかに思っているはずです。なぜそんな確信をもてるかといえば、「東アジアの中で、日本はもっともアメリカから認められている国だから」。経済的にも豊かだし、民主的でもある、と。ところが、このところアメリカは、日本よりも中国を重視するようになっている。「中国のようなダメな国が、どうして自分たちよりも優遇されるのか」と、（少なくとも一部の）日本人はすごく不愉快なわけです。

明らかに日本人は、精神的にアメリカに依存しています。沖縄の米軍基地も、日米合同委員会も、このような依存を土台に成り立っているのではないか。日本にとって、アメリカという国は、安全保障上、必要なだけでなく、精神的な意味でも必要なのではないか。日本人が自己回復するために、一方では、アメリカの影を払拭せざるをえず、他方では、アメリカからの承認の視線を必要とする、というかたちで、戦後の日本人のアイデンティティそのもののなかにねじれが組み込まれているのではないでしょうか。今、僕は、このことを、まるで加藤さんへの反論のように言っていますが、僕は、こうしたことを主として、加藤さんのこれまでのご著書、『アメリカの影』から始まり『敗戦後論』を経由してきたいくつものご著書を通じて学んできました。この点についてどうお考えでしょうか。

加藤　日米関係の「ねじれ」は、江藤が考えていた以上に深いのではないかというご指摘は、その通りだと思います。江藤は本の中で「ねじれ」という言葉は使っていなくて、「矛盾」とか「二律背反」といった言葉を使っています。それを「ねじれ」と呼んだのは、僕の応用なんですね。江藤の指摘は浅いと思ったので、より深い「ねじれ」の語が出てきたのです。

先ほど大澤さんは、日本人としてのアイデンティティを、戦後の日本人が確立しようとした際に、すでにある種のアメリカ性が前提とされていたのではないかと指摘されましたが、まさにそれは、僕が『アメリカの影』で考え、述べてきたことです。『戦後入門』では、そこを社会科学的に通過するため、浅く書きましたが、趣旨は一貫していると思います。つまり、対米自立を目指すという時に、「自分たちは、アメリカ的価値観が嫌いだから自立を目指す」というのではダメだ、それではこの問題は解けないよ、ということです。そうではなく、アメリカが日本に持ち込んだ民主原則などの価値を自分たちのものとし、その上に立って、対米自立を図らなくてはならない。いまや対米自立は、そういう仕方でしかあり得ない、という主張がそこから出てきます。

僕の中にも、すでにアメリカ的な価値観が入り込んでいます。天皇制万歳という価値観ではなく、むしろ個人の基本的人権と自由を尊重する価値観がしみ込んでいるわけです。その価値観がどこから来たのか知っているから、自分の中に「ねじれ」を感じる。その「ねじれ」は非常に深いものです。しかし、僕に言わせれば、その「ねじれ」こそ戦後日本の本質なんです。これをしっかりと受けとめればよい。そしてそれができないわけではない。なぜなら、それらの価値観はアメリカのものではなく、あくまでカント以降の普遍的なもので、そもそもアメリカなしに我々自身につながっているものだからです。

大澤　そうした価値の生みの親はアメリカではなく、アメリカは単なる媒介者でしかなかっ

写真関係
石内 都

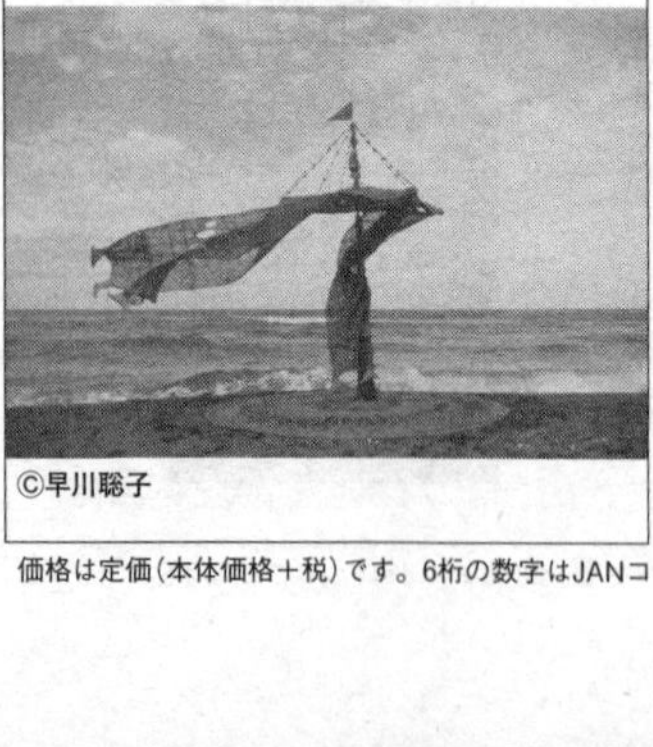

6月の新刊　●10日発売

ちくま文庫

自由学校
獅子文六

装画　柳智之

代表作、遂に復刊！

しっかり者の妻とぐうたら亭主に起こる夫婦喧嘩をきっかけに、戦後の新しい価値観をコミカルかつ鋭い感性と痛烈な風刺で描いた代表作。（**戌井昭人**）

43354-1
880円+税

日本地図のたのしみ
今尾恵介

ムカツク半島、ご存じですか？

地図記号の見方や古地図の味わい等、マニアならではの楽しみ方も、初心者向けにわかりやすく紹介。「机上旅行」を楽しむための地図「鑑賞」入門。

43361-9
780円+税

千駄木の漱石
森まゆみ

英語・英文学教師から人気作家へ転身、代表作のアイデアも得た千駄木。なのに、嫌だ、豚臭い、慈悲のために永住する……。そんな素顔の漱石を活写。

43358-9
800円+税

山本太郎　闘いの原点
山本太郎　●ひとり舞台

脱原発、脱貧困のために闘い続ける山本太郎の原点。高校時代にデビューし、俳優となり、原発活動家、国会議員として活動するまで。（**推薦文　内田樹**）

43365-7
680円+税

弾左衛門と江戸の被差別民
浦本誉至史

浅草弾左衛門を頂点とした、花の大江戸の被差別民の世界に迫る。ごみ処理、野宿者の受け入れなど現代にも通じる都市問題が浮かび上がる。（**外村大**）

43350-3
840円+税

価格は定価（本体価格＋税）です。6桁の数字はJANコードです。頭に978-4-480をつけてご利用下さい。

6月の新刊　●10日発売　ちくま学芸文庫

社会科学としての経済学

宇野弘蔵

資本主義の原理は、イデオロギーではなく科学的態度によってのみ解明できる。マルクスの可能性を極限まで突き詰めた宇野理論の全貌。（大黒弘慈）

09730-9
1200円＋税

増補 学校と工場

■二十世紀日本の人的資源

猪木武徳

経済発展に必要とされる知識と技能は、どこで、どのように修得されたのか。学校、会社、軍隊など、人的資源の形成と配分のシステムを探る日本近代史。

09607-4
1300円＋税

美少年美術史

■禁じられた欲望の歴史

池上英洋／川口清香

神々や英雄たちを狂わせためくるめく同性愛の世界。芸術家を虜にしたその裸体。カラー含む200点以上の美しい図版から学ぶ、もう一つの西洋史。

09729-3
950円＋税

Math & Science

数は科学の言葉

トビアス・ダンツィク　水谷淳 訳

数感覚の芽生えから実数論・無限論の誕生まで、数万年にわたる人類と数の歴史を活写。アインシュタインも絶賛した数学読み物の古典的名著。

09728-6
1500円＋税

価格は定価(本体価格＋税)です。6桁の数字はJANコードです。頭に978-4-480をつけてご利用下さい。
内容紹介の末尾のカッコ内は解説者です。

6月の新刊 ●8日発売 ちくま新書

1189
恥をかかないスピーチ力
明治大学教授 齋藤孝

自己紹介や、結婚式、送別会など人前で話す機会は意外と多い。そんな時のためのスピーチやコメントのコツと心構えを教えます。これさえ読んでいれば安心できる。

06894-1
760円+税

1190
ふしぎな部落問題
ノンフィクションライター 角岡伸彦

もはや差別だけでは語りきれない。部落を特定する膨大なネット情報、過敏になりすぎる運動体、同和対策事業の死角。様々な捻れが発生する共同体の未来を探る。

06896-5
880円+税

1191
兵隊になった沢村栄治
ノンフィクション作家・東京造形大学教授 山際康之

▼戦時下職業野球連盟の偽装工作

非運の投手・沢村栄治はなぜ戦地に追いやられたのか。そして沢村の悲劇を繰り返さぬための「偽装」とは何だったか。知られざる戦時下の野球界を初めて描き出す。

06900-9
880円+税

1192
神話で読みとく古代日本
早稲田大学教授 松本直樹

▼古事記・日本書紀・風土記

古事記、日本書紀、風土記という〈神話〉を丁寧に読みとくと、古代日本の国家の実像が見えてくる。精神史上の「日本」誕生を解明する、知的興奮に満ちた一冊。

06895-8
880円+税

1193
移民大国アメリカ
成蹊大学教授 西山隆行

止まるところを知らない中南米移民。その増加への不満がいかに米国社会を蝕みつつあるのか。米国の移民問題の全容を解明し、日本に与える示唆を多角的に分析する。

06899-6
820円+税

価格は定価（本体価格＋税）です。6桁の数字はJANコードです。頭に978-4-480をつけてご利用下さい。

た。

加藤　ある時期までのアメリカが、日本にとっての先生であったとすれば、その先生の先生がヨーロッパです。そして、そのヨーロッパというのが、また、世界の一部なんです。

　日米関係についてもう少し言うと、失われた自己を回復するという意識は、僕の中にはまったくない。そうではなく、あるのは「ねじれ」を含んだままでの自己確立がいかにして可能かという問題意識です。ですから、江藤淳とはまったく考え方が違う。それに僕は、アメリカからの承認を必要としていません。むしろ、アメリカには、この「ねじれ」た日本から、多くを学んでほしい。人は敗れないと大人になれない。僕はそう思っていますから、逆に彼らに学んでほしい。彼らに、日本の戦後の意味を発信したいと思っているんです。

大澤　加藤さんは『敗戦後論』の冒頭で、非常に印象的なエピソードを書き記しています。

　加藤さんが小学校低学年の頃、遠足で行った先で、やはり遠足に来ていた別の小学校の集団と出くわす。それぞれ代表が出て、相撲をすることになって、加藤さんらの小学校の代表が土俵際まで詰め寄られ、こらえきれずに腰を落とすと、うまい具合に相手の腹部に足がかかって、巴投げになった。ほんとうは相撲をとっていたわけですから、巴投げをしようがしまいが、すでに加藤さんたちの代表は負けている。しかし、巴投げのかたちになった瞬間、（加藤さんのグループにとって）相撲が柔道へと解釈の枠組みが変わってしまったわけです。その途端、柔道として勝った側の小学生らが、つまり加藤さんの小学校の側が、一斉に手を叩いて、はやし立てた。加藤さんは一瞬、「あっ」と思ったものの、少し遅れて、それに加わった。そして長い間、その時の後ろめたさが忘れられなかった。後になって、日本の敗戦についで学んだとき、あの時の経験と同じだと気がついた、と。

日本人は、「負けた」と言うべき時に「喧嘩はいけないね」と言ってしまう。ほんとうは、「負けた」と言ってから、「喧嘩はいけないね」と言うべきなのに。つまり、敗戦後の日本には「負けた」の一言がなかった。「負け」を認めずに、「喧嘩はいけないね」と言ってしまった。そこに問題があったのではないか。『敗戦後論』の冒頭で、加藤さんはそう問題提起をされていた。

加藤さんの議論に、ようやく時代が追いついてきた面があると思うんです。僕らは、加藤さんが二〇年前に考察したところから始めなければいけない。今回、お話をさせてもらって、改めてそう思いました。

第三章

我ら愚者の民主主義
九条削除論と戦後日本の欺瞞

――井上達夫×大澤真幸

井上達夫　いのうえ・たつお
一九五四年生まれ。東京大学法学部卒業。現在、東京大学教授。法哲学を専攻。著書に『共生の作法』『他者への自由』（以上、創文社）、『現代の貧困』（岩波現代文庫）、『普遍の再生』（岩波書店、岩波人文書セレクション）、『法という企て』（東京大学出版会）、『自由論（双書　哲学塾）』（岩波書店）、『世界正義論』（筑摩選書）、『リベラルのことは嫌いでも、リベラリズムは嫌いにならないでください』『憲法の涙（リベラルのことは嫌いでも、リベラリズムは嫌いにならないでください2）』（以上、毎日新聞出版）などがある。

井上達夫さんの九条削除論…………大澤真幸

井上達夫さんは、日本国憲法から九条を削除したほうがよい、と提案している。これだけ聞くと、改憲派が唱えているような、普通の軍隊をもつべきだという主張のように誤解されかねないが、そうではない。井上さんの政治的な立場は、日本は個別的自衛に徹する軍隊（自衛隊）をもつのがよい、という普通の護憲派の主張に近いが、それでも、九条を削除したほうがよい、とされる。その上で、安全保障戦略については、憲法で決めるのではなく、そのときどきの情勢にあわせて、民主的立法過程の討議（つまり国会での討議）に委ね、（非武装中立にする、武装して中立する、集団的安全保障体制に参加する等を）決定すべきだとする。なぜ、九条がないほうがよいのか、この点については、以下のインタヴューの中で詳しく説明される。

また、自衛隊であろうが何であろうが軍隊をもつ場合には――絶対平和主義を採用しない限りは軍隊をもつことになるが――、徴兵制（ただし良心的兵役拒否権が付く）を採用しなくてはならない、というのが井上さんの考えである。この点についても、理由が以下のインタヴューの中で語られている。

1　正義概念の原点とは何か？

大澤　私が井上さんの九条削除論をはじめて知ったのは、「9条削除で真の『護憲』を」という論考を月刊誌『論座』（二〇〇五年六月号）で読んだ時です。その後、「朝日新聞」のオピニオン欄（二〇一三年一〇月二六日）に掲載された長めのインタビュー「あえて、9条削除論」でも、同趣旨の話をされていました。

九条削除論ときくとキワモノではないかと思われそうですが、井上さんは法哲学者として、正義の概念を鍛え直すところから始めていて、他の多くの憲法論とは哲学的な深さが全然ちがう。ただ、リベラリズムを標榜する哲学者が、九条は削除すべきだと主張していると聞くと、多くの人は驚き、戸惑うと思うんですね。普通は、現在の九条を捨てたり、変えたりするという主張は、リベラリズムに批判的な論者、右寄りの論者が言うことだと考えられているからです。実際、このようなステレオタイプに基づく井上さんへの批判はたくさんあります。しかし重要なのは、どのような論拠に基づいて、そうした主張をしているのか、ということです。

　そこでまず、憲法について論ずる前に、井上さんが正義をどのように捉えているかという、原理的なところから質問をさせて下さい。

　私の解釈では、井上さんの議論の原点には、ロールズ[1]の『正義論』がある。この本は政治哲学だけでなく現代思想にも多大な影響を与えました。ロールズの思想は通常、初期と後期に分けて語られることが多い。「無知のヴェール」をかぶった者の間の、一種の仮想的な社会契約を通じて正義の原理を導こうというのが、初期の、つまり『正義論』のロールズです。しかし、サンデル[2]やセン[3]から批判を受けたこともあって、ロールズはのちにこのようなかたちで正義を基礎づけるやり方を放棄してしまう。そんなロールズを井上さんは厳しく批判し、井上さんご自身は、初期のロールズの中にあった方向性を手放さず、徹底させていったように思います。そのことによって、井上さんの正義概念が導き出される。

　まずこの井上さんの正義概念についての質問から始めます。正義概念にとって最も重要なのは普遍化の要請（普遍化できないものはダメ）です。では、この要請が満たされているかどうか、どうしたらわかるかといえば、井上さんの議論ですと、「反転可能性」テストに合格できるかどうか、ということですね。反転可能性には、位置の反転可能性と視点の反転可能性の二種類がある、ということなのですが、読者のために「反転可能性」テストの要諦を私なりに少し単純化して説明しますと、その正義概念（の候補）が自分とは異なる立場、異なる視点に「反転」させたとき、それでも受容できるかどうかを問うというものです。拒否するのであれば、その正義概念は普遍化できないわけですから、何か問題がある。「相手の立場で考えてみなさい」ということを非常に厳密に練り上げた、なるほどと思えるアイデアですが、ここではあえて幾つかのことを聞いてみたいと思います。

まず、Aという概念があるとして、ある人にとっては「反転可能性」テストをパスしていると思えても、他の人には趣味の押しつけとしか感じられない場合があり得ると思うんです。たとえば、その正義概念Aが、「人間は長命であることに幸福を覚える」ということを前提にしているとして、その正義概念が、私にとっては反転可能性があるとします。「誰もが長命を望むのだから」ということで。しかし、それは、もしかすると特定の世界観や価値観に根ざした思い込みかもしれず、他の人は長命にそれほどの価値をおかないかもしれず、長く生き

1――ロールズ John Bordley Rawls（1921－2002）アメリカの哲学者。功利主義の内在的な克服を目指し、社会契約説を再構成した「公正としての正義」を提唱。著書に『正義論』『政治的リベラリズム』などがある。

2――サンデル Michael J. Sandel（1953－）アメリカの政治哲学者。コミュニタリアニズムから出発した。『リベラリズムと正義の限界』『民主政の不満』などの著作がある。

3――セン Amartya Sen（1933－）貧困や不平等の問題に取り組んできた、インドの経済学者。『集合的選択と社会的厚生』『不平等の経済学』などの著作がある。一九九八年、アジアで初めてノーベル経済学賞を受賞した。

たことに幸福感も快楽も覚えないかもしれない。つまり、私にとって反転可能性をもつ正義概念は、他の人にとっては特定の趣味の押し付けに感じられるということがありそうです。

少し学問的に表現すれば、ある概念が「反転可能性をもつ」という判断自体が、反転可能性をもたないこともあるのではないでしょうか。そして、反転可能性についての判断に反転可能性があるかどうかは、もはや、反転可能性テストでは確認できないのではないか。実際、正義をめぐる争いというのは、それぞれの人が、わが概念こそは反転可能だ、ということの言い争いではないでしょうか。

こうした批判をふまえた上で、それでも「反転可能性」テストは有効だと言い得るなら、その根拠は何か。こうした質問があり得ると思うのですが、井上さんはどうお答えになりますでしょうか。

井上　その話をする前にまず、正義概念と正義の諸構想とを私が区別していることに触れておく必要があります。

正義概念は「the concept of justice」で単数定冠詞付きであるのに対して、正義の諸構想は「conceptions of justice」で複数形です。功利主義、リバタリアニズム、平等基底的権利論など、正義の具体的基準をめぐって対立する立場が正義の諸構想、それに対し、正義概念は、対立競合する正義の諸構想に通底する共通の制約原理です。正義概念は、最善の正義構想がどれかを一義的に特定はしませんが、どの正義構想もそれをパスしないと「正義」の一構想としての資格自体を否認され、優劣評価の対象にすらされないというテストです。自己と他者との普遍化不可能な差別の排除、というのがその核心で、「反転可能性」テストはそのコロラリー（派生的に導出できる原理）です。正義概念は、あくまで消極的な制約ですが、その規範的ハードルは相当高い。様々な正義構想は、このハードルを越えるために、厳しく自己修正を迫られます。

たとえばロック[4]に始まり、ノージック[5]が発展させた自己所有論的リバタリアニズムは、他人に先んじて無主物に労働投下をすれば、その成果物はその人の所有となるという議論をします。それが正義の構想であると言い得るには、自分が他者に先んじた労働投下能力のない障害者のような立場に置かれても、それを受け入れることが可能でなくてはならない。正義のこの要請を自覚しているから、ロックは「同種のものが他者のためにも十分残されている」というような「ロック的但し書き（Lockean Proviso）」を原始取得の制約条件として付加した。ノージックはこれをさらに、「他者の境遇を悪化させない限りにおいて」という制約

4――ロック John Locke（1632－1704）イギリスの哲学者、政治思想家。イギリス古典経験論の創始者として知られる。『人間知性論』『統治二論』などの著作がある。

5――ノージック Robert Nozick（1938－）アメリカの哲学者。『アナーキー・国家・ユートピア』『哲学的説明』『生のなかの螺旋』などの著作がある。

条件に一般化したわけです。他方、平等主義的な正義構想であっても、労働能力があるにもかかわらず働かない者にも、労働の産物の一律平等な分配を要求する単純平等主義などは、他者の労働へのタダ乗りを許している点で、フリーライダー排除という正義概念の含意に反していますから、正義構想としては失格です。合格するには、このようなタダ乗りを排除しうるような自己修正が必要です。

大澤さんが例示した「人間は長命であることに幸福を覚える」ことを前提にした「正義概念A」は、そもそも正義概念ではなく、たかだか正義構想の候補に過ぎません。しかも、これを支持する者が長命願望者だとしても、長命で退屈な人生よりも短命でも充実した人生を望む他者の立場に自分が置かれたら受け入れられないという点で、正義概念が要請する反転可能性がなく、正義構想の候補としても失格です。正義は、趣味・選好・人生観、いわゆる「善き生の構想」の一元的収斂を前提するものではなく、逆に、かかる善き生の諸構想が多元的に分裂し競合する社会における、公正な共存枠組に関わるものです。自己とは異なる善き生の構想を追求する他者の立場に立っても拒絶できない理由によって、自己の他者に対する要求が正当化可能か否かを自己批判的に吟味せよ、という「視点の反転可能性」テストをも正義が要請するのはそのためです。

私の立場に対する誤解を除くために、二点強調しておきます。第一に、既に言いましたが、正義概念のテストをパスするのは容易ではないが、それをパスしうる正義構想は一つではなく、複数競合しうる。それらの間には、なお論争が続く。正義概念だけでは決着がつかず、論争的で哲学的なさまざまな議論を援用する必要がある。しかし、それらの議論に対しても反転可能性のような正義概念のテストは常に制約条件として働く。それが一つですね。

それから、反転可能性テストに、正義概念が還元されるわけではないということ。正義概念の核心はあくまで自己と他者との普遍化不可能な差別の排除であって、反転可能性テストは、そのコロラリーの一つに過ぎない。普遍化不可能な差別の排除としての正義概念は、自己と他者を、個体的同一性における差異に究極的に還元されるような理由によって差別してはいけないという要請です。そこから、フリーライダー排除、ダブルスタンダード排除、権利と区別された既得権益の排除、集合的エゴイズム排除といった様々な派生的要請が含意される。反転可能性テストはこれらの派生的要請に通底する、最も一般的なコロラリーですが、やはり正義概念の派生的含意であって、正義概念そのものに置換できるものではありません。反転可能性テストを適用する場合、普遍化不可能な差別の排除という正義概念の原点に常に立ち戻って考えなくてはいけない。これが基本的な前提です。

視点の反転可能性自体が、ある特定の視点に相関的なのではないかという、大澤さんの先ほどの質問は、私の正義概念に対する誤解に基づいていることをさっき指摘しました。ただ、自分の特定の視点に固執しそれを他者に強要するために、視点反転可能性テストが不当に濫用される危険はあり得るでしょう。

この問題について話をする際によく使うのが、脱会を希望する信者に対して、いくら説得しても効き目がなかったので殺したという、オウム真理教の事例です。教団側はこれを殺人ではなく魂の救済に近いような意味で「ポア」だと弁明していた。その場合、脱会希望者を殺害したオウムの行為を殺人として私が批判しても、オウムの視点からは「殺人ではない、ポアだ」と反論できるから、オウムは視点反転可能性テストに依拠して自分たちの殺人行為を正当化できてしまう、と思えるかもしれない。実際、オウムはそういう自己正当化をするかもしれない。しかし、こういう倒錯的主張が生まれるのは、反転可能性テストを、自己と他者との普遍化不可能な差別の排除という正義概念の原点から切り離して濫用しているからです。普遍化不可能な差別の排除の要請を貫徹するなら、視点反転可能性テストはオウムの行為を批判する私にだけでなく、オウムにも対照的に適用されなくてはならない。オウムの「殺人ではなくポアだという」主張は、オウムの特異な信念体系の中でしか支持可能でないどころか理解可能ですらなく、オウムのカルト的信念を共有しない他者に対して、オウムの他者に対する加害行動を正当化する根拠として援用しうるものではありません。

大澤　なるほど。そうすると、普遍化できない差別はしてはならないということは、反転可能性のテストよりも基本的なのですね。

井上　より根源的なものなんです。

大澤　その上で、反転可能性テストは、正義であるための、最低限パスしなければならない、重要な一次試験のようなものと解してよろしいですね。つまり、反転可能性テストに合格すれば、正義の構想のひとつとして認められたことになる。ただし、それが、反転可能性テストにパスしたからといって、唯一の正義の構想でもないし、ベストの正義の構想でもない、というわけですね。

井上　はい。

2　反転可能性テストとは何か？

大澤　井上さんは『リベラルのことは嫌いでも、リベラリズムは嫌いにならないでください』（二〇一五年）で、反転可能性テストについて、マゾヒストの例を挙げて説明されています。自分がマゾヒストであるとして、ベンチに座って眠りこけている人もマゾヒストに違いないと思い、ベンチに立てかけてある杖で殴打すれば、激痛とともに目覚める際に快楽を味わうに違いないだろうということで、実際にその行為に及んでも構わないか、という事例でした。この場合、マゾヒストであるその人は、世の中にはもっと別の性的性向をもつ人が存在していることを知らず、誰しもマゾヒストであると思い込んでいる可能性があります。この場合、そのマゾヒストの観点からは、他人を杖で殴打してやることは反転可能性テストにパスしている、ということにならないでしょうか。

それと似た状況は現実にもあります。たとえば、アフリカのある地域では長らく女子割礼が行われていますが、とんでもないことだと思いますが、現地の一部の人たちからすればそれは疑う余地のない慣習の一つで、誰もが望んでいることかもしれません。そのような場合、反転可能性テストでこれを正義に反するものとして排除できるでしょうか。

井上　人間は自己欺瞞の天才ですから、自分の視点は特異なものなのに、他の人もそれを共有していると思いがちです。ですから一般論としては、正義の要請を、より誠実に追求できるような制度設計が欠かせません。

このとき、自分たちの行動や決定によって、負の帰結を負わされることになった人たちからの異議申し立てにさらされ、きちんと応答する責任を我々が課される制度機構がなくてはなりません。そういう異議申し立てができない人たちに対しては、我々が代理人となって異議申し立てをする。そういうメカニズムが必要なんです。応答責任をきちんと果たさない者には何らかの制裁が課される必要もある。政治家の場合は選挙で落とされるとか、官僚は解職・左遷されるとか、政治運動をする私的団体でも、無責任な活動をする場合は社会的非難にさらされるとか。アカウンタビリティ（accountability）とはこのことです。日本ではこの言葉が「説明責任」と訳されていますが、「説明すれば済む」という甘い響きがあるので不適訳です。「異議申し立てにきちんと応答できなければ首が飛ぶ」という厳しい要請を示すために、私は「答責性」という言葉を充てています。

それから、大澤さんが言われた女子割礼ですが、この風習が行われている地域では、幼女が無理やり受けさせられることが多いため、野蛮な風習だと欧米の人権団体やフェミニストたちから非難されています。しかし、非欧米世界のフェミニストの中には、これを新植民地主義的偏見だと批判し、自分たちの文化的なアイデンティティとして自発的にそれを引き受ける女性もいるそうです。

私はこの問題は、野蛮な風習か、文化的アイデンティティか、という観点からではなく、社会的・経済的文脈に注目して考察すべきだと思っています。まず認識すべきなのは、そういう社会で女子割礼を受けていないと、結婚をするのがとても難しいということです。結婚しなくても社会的・経済的に自立できるだけの能力・資産を有していれば何とかなりますが、そうでない女性の場合、相当悲惨な生活を送らざるを得ません。ですから、根本的な問題は、割礼を受けなくても女性が自立して生きていけるような環境を作ることですし、女性たちが自立できるように社会的・経済的な支援をすることです。にもかかわらず、欧米には、そういう問題を棚上げして、女子割礼は野蛮な風習だと非難し、それさえ止めさせれば「あとは野となれ山となれ」という偏狭な態度をとる人々が少なくない。

女子割礼を批判する当のヨーロッパも、二〇世紀初頭ぐらいまでは、社交界に出入りする女性はコルセットを装着しなければなりませんでした。コルセットでウエストを三、四〇センチぐらいまで締めつけるので内臓が常に圧迫され、それが原因で三〇歳前後で若死にする女性も少なくなかった。これって、相当残酷な風習ではないでしょうか。

現在の欧米諸国でも同じ構造の問題がある。女性のピル（経口避妊薬）は欧米では日本以上に普及しています。性交をするときに快感がそがれるからといってコンドームを装着せず、女性にピルを飲ませておけばいいという態度をとる男性がいるわけですが、そのことによって女性は、エイズを含む性病に感染するリスクを負わされてしまう。もちろん、そんな男なんて蹴とばしてしまえばいい。けれども、そんな男であっても頼らざるを得ない女性も少なくありません。そういう状況で、コンドームを装着しない男との性交を「意識が遅れている」とか非難するだけでは駄目で、そんな男に依存せざるを得ない女性が自立できるような社会にしなくてはならない。にもかかわらず、先進諸国の知識人や運動家には、自分たちも抱えるそうした問題には目を向けず、アフリカなどの女子割礼を野蛮な風習だと非難して済ませてしまう人が少なくありません。それって欺瞞じゃないでしょうか。

大澤　女子割礼をめぐる問題についてのお話を伺っても、井上さんの正義の構想が非常に考え抜かれたものであることがよく分かります。

正義の概念の理解を深めるために、反転可能性テストについて、井上さんの考えをもう少しお聞かせ下さい。いわゆるトロリー問題を、井上さんの理論で解くとすればどうなるか、という質問です。トロリー問題は、今では実にたくさんの変形版がありますが、その原型となっているのは、「列車を運転していたところ、ブレーキが利かなくなってしまった。前方には五人の人が線路上で作業をしているが、誰も列車の接近に気づいていない。五人の作業員の手前には分岐ポイントがあり、ハンドルを右に切れば、あるいは外にある転轍機で列車を右の引き込み線に導けば、五人の作業員を轢《ひ》かずに済む。だが、右の線路にも作業員が一人いる。あなたなら、どうするか?」というものですね。

このトロリー問題では通常、回答者の視点を、ハンドルを握る運転手か、線路の外で転轍機を操作する者か、どちらかに設定します。しかし、現実の場面で、このような問題を考えるときには、われわれはたいてい、運転手や転轍手であるだけではなく、「五人」か「一人」かのどちらかでもあるわけです。

たとえば、原発を建設するかどうかを決めるとします。そのとき、原発から遠く離れた都市で、供給される電力の恩恵を受ける側にいるか、あるいは、原発の建設地の近くにいて、事故が起きたときに大きな被害を受ける側にいるか、どちらかの立場で考えるしかありません。前者が、いわば「五人」の側で、後者が、「一人」の側でしょう。

トロリー問題で、五人の側か一人の側のどちらかに自分が所属しているとして、そこでくだされる判断を、反転可能性テストにかけたらどうなるのか、ということを伺いたいと思います。「五人」の側からすると、当然、「一人の方が犠牲になるべきだ」という主張になりますが、しかし、この主張は、反転可能性がありません。「一人」の側としては、とうてい受け入れられないからです。もちろん、「一人」の側の、「五人が犠牲になるべきだ」という主張にも、反転可能性はない。

つまり、この場合には、反転可能性テストに合格できる結論はない、ということになりませんか。ということは、トロリー問題のような状況では、正義は定義できない、正義は存在しない、ということになるのでしょうか。今申し上げたように、原発問題も、あるいは基地問題も、さらに、ときには人口問題や環境問題も、トロリー問題のヴァリアントとして解釈できる面があります。もちろん、この後にうかがう、安全保障や軍事の問題も、トロリー問題風に解釈することができます。ですので、このようなときにはどのように考えるのか、井上さんの考えをうかがいたいと思います。

井上　トロリー問題というのは、一人の人間がいくら無辜《むこ》な存在であっても、その人を犠牲にすれば五人の人間が助かるのだからそうすべきだという、典型的な功利主義的な正義構想に基づいているんですね。それに対して、いくら五人の人間が助かるといっても、何の罪もない一人の人間を犠牲にするのは認められない、自分に責任のない理由で殺されない権利が個人にはあると主張するのが、義務論的な権利論。誤解のないように言えば、ここで言う「義務論（deontology）」とは、「権利より義務」という立場ではありません。功利主義のような帰結の最善化を求める「帰結主義（consequentialism）」――正確には、これに「集計値最大化原理（aggregate maximization）」が加わった立場――を斥け、いくら帰結が良くても許されない行為、侵害してはいけない権利があるという立場です。

どちらが正義構想としてベターかは、論争が続いているわけですが、一人の人間を犠牲にすることで五人の人間が助かるとして、その助かる側に自分が入っているのであれば功利主義を選ぶという態度を取るとすれば、それは反転可能性テストに反しているわけですから、正義の構想としては認められません。自分や自分の愛する者が犠牲になる場合であっても、その犠牲を受容する場合にのみ、正義の構想として認知される。正義構想としての功利主義は、まさにかかる自己犠牲を要求する立場です。日本語で「功利的」というと、自己利益最大化を求める「打算的」な人というイメージが付きまとうので、日本の功利主義者は、社会の全体利益最大化のために自己犠牲を引き受けよ、という自らの立場を明確にするために、「公利主義」という訳語を使う人もいる。

他方、義務論的な権利論を支持する者も、自分が犠牲にならずに済んだ場合だけでなく、そのことによって、助かるはずだったのに命を落とすことになる五人のうちの一人が自分であっても、それを受け入れることができなければならない。受け入れられなければ、それはもう正義の構想ですらありません。

大澤　とすると、功利主義の立場に立つのであれば、自分が五人のグループに入るのか、それとも一人のほうになるのか分からなくても、功利主義にもとづく帰結を受け入れなくてはならないし、義務論的な権利論の立場に立つのであれば、自分がどちらの側になったとしても、義務論的な権利論にもとづく帰結を受け入れなくてはならないということですね。

井上　そういうことです。

大澤　それが貫徹できるのであれば、功利主義も、義務論的な権利論も、反転可能性テストをパスできる。つまり、どちらも、正義の構想として認められる。

井上　はい。

大澤　なるほど、そういうふうに考えるわけですね。すると、反転可能性テストにかけるということは、ロールズの『正義論』でいうところの「無知のヴェール」を被るのと等価な意味をもちますね。自分がどの立場に属しているのかということをカッコに入れることになりますから。

3　将来世代のための世代間正義をどう考える?

大澤　では次の質問に移らせていただきます。反転可能性テストによって、正義の概念としての適格性を確認するという考えには深い説得力があります。その説得力の源泉、理論以前の直観のようなものにまでさかのぼると、やはり、互酬性や相互性に好ましさを感じるわれわれの実践感覚のようなものがあるように思います。相手と立場や視点を入れ替えたときに、自分が嫌だと感じるようなことを相手に対してやってはならない、という感覚ですね。

ただ、このような考え方になじまない問題もあるように思うのです。特に現代社会にはそういう問題が多い。それは、「将来世代」、ずっと先の未来を生きることになる他者たちのことを考慮に入れなくてはならないような問題ですね。将来世代のことを視野に入れた上で、何が正義かを考えなくてはならなくなる問題が、たくさんあります。原発の問題もそうですし、CO_2の問題もそうですし、憲法のこともそうです。原発についての決定とか、環境政策とか、そう簡単には変えられない憲法の条文の改正とかは、現在のわれわれよりも将来世代に深い影響を与える。
　そういう将来世代に関係したことがらについての正義を考えるとき、私は反転可能性テストというのは、相性がよくないように思うのです。どうしてかというと、将来世代というのは、定義上、私たちとの間に互酬的な関係が成り立たない他者だからです。私たちが将来世代に対して何かをしても、将来世代が私たちにお返しすることも復讐することもない。反転可能性テストというものの説得力の源泉が、互酬的な関係こそ公正だという私たちの根深い直観にあるのだとすると、将来世代に関係する正義の問題については、反転可能性テストというのは必ずしも適切なものではないのではないか。ベストのテストではないのではないか。そのようにも思うのですが、いかがでしょうか。

井上　将来世代に関する質問に答える前に、大澤さんが初期ロールズと私との立場を同視されているようなので、これについて応答させていただきます。
　大澤さんは、いま、初期ロールズの「無知のヴェール」を私の正義概念と同視され、対談冒頭でも、私が後期ロールズを批判しているが、初期ロールズの立場を擁護していると言われましたが、これは誤解です。後期ロールズに比べたらまだましだったとはいえ、初期ロールズも正義概念の核心を理解せず、その厳しい規律を自らに課さずに、恣意的独断に走っていたことを私は厳しく批判しています。たとえば、初期ロールズ支持者が重視する彼の格差原理も、最悪事態観という特異なリスク回避選好をもった者にしか受容できない点や、最不遇層の境遇最善化のために他の層の人々が負うコスト負担の公平性の問題を捨象・隠蔽している点で、反転可能性テストをパスしていないことを指摘し、これを斥けています。

「無知のヴェール」は、初期のロールズが、自己と他者との普遍化不可能な差別の排除という正義概念を重視したからではなく、逆に、その規範的意義を理解せず、これを無内容として軽視したために、これに代えて導入した混乱した観念です。個人の特殊利害を知るために必要な個人についての特殊情報を排除せよというのが「無知のヴェール」の要請ですが、これは的外れです。個人の特殊情報はその個人の行動を評価するために必要不可欠な、道徳的にレレヴァントな情報です。排除されるべきなのは、個人の特殊情報ではなく、自分がどの個人なのかという個体的同一性についての知識です。無知のヴェールは個体的同一性についての知識だけでなく、個人の特殊情報まで排除するという点で、「たらいの水といっしょに赤子を流す」という誤謬を犯しています。自己と他者との個体的同一性における差異に基づく差別の排除という、正義の普遍化要請の真義を彼は捉えそこなったために、この誤謬を犯しました。しかも既に述べたように、この正義概念が含意する反転可能性テストを自らに厳格に課すことなく、きわめて恣意的・独断的な議論で格差原理を擁護している。

さて、将来世代のための世代間正義の問題ですが、私の門下生の中にも、大澤さんがいま言われたのと同じような観点から、世代間正義の存立可能性を否定している研究者がいます。遠い将来世代については、彼らが何をよきものとし、何を欲しているかは分からないし、将来世代の人々の選好のみならず、彼らの存在と同一性自体が現世代の選択に依存しているのだから、遠い将来世代を現世代と独立に存在する権利主体として想定して、彼らに対する責務を論じるのはナンセンスだというんですね。

この種の議論に対して私は、こんなふうに反論しています。いろいろ不平不満があっても、現世代はいま、こうして生き続けているわけだから、自分たちが存在しない状況よりも、存在しているのをいいことだと思っているはずだ。いや、すべてに絶望してしまって、死にたいと思っているとすれば話は別だが、それなら現世代は集団自殺すればいい。昔、南米で共同生活した米国のカルト集団が集団自殺した事件があったが、こういう一握りの人々を除いて、誰もこんなことを本気で望んでいるわけではない。とすれば、不平不満はあるにせよ、過去の世代が、現世代を生み育てると同時に、我々にとって生存可能な環境を残してくれたことを基本的に是認しているだろう。とするなら、過去世代が現世代に対してしたことで現世代が是認していることを、現世代も将来世代に対して行わなくてはならないのではないか、と。

このようにして、普遍化不可能な差別の排除という発想を援用することで、反転可能性の枠を拡大することができると思うんですね。

大澤　なるほど。そうであるとして、議論を深めるために、あえて意地悪な質問をさせて下さい。
　今のご説明では、私たちが過去の世代に対して感謝の気持ちがある。一緒に同じ時間を生きていれば、こういうときにはお返しをするわけですが、過去の世代はもういない。そのお返しを、いわば、これから生まれてくる世代に向けるわけです。しかし、現世代が過去の世代に対して恨みを抱いていたらどうでしょうか。
　たとえば、過去世代が化石燃料を浪費したせいで資源が枯渇寸前まで来てしまったとします。このため、現世代は過去世代に対してネガティブな感情を抱いている。そうした感情を背景にして、現世代が「われわれだって過去の世代に奪われたのだから、こんどは未来世代を搾取してしまえ。われわれが生きているうちに、いまある資源を使えるだけ使ってしまえ」というふうになったとすれば、どうですか？
井上　過去世代の行動を非難したのだから、それと同じことを将来世代に対してすべきでないということですよね。将来世代に対して、そういうことをしても構わないのであれば、過去世代のそうした行為を非難することはできません。
大澤　ある種の体育会系のサークルなどにかつてしばしばあったことですが、上下関係の規律が厳しくて、一年生のときに上級生から理不尽な仕打ちを受けても、我慢するしかなかったりすると、自分が上級生になったとき、今度は自分たちが後輩に対して威張りだすということがあります。かつて、いやな目に遭ったのだから、新入生には同じ思いをさせないようにしよう、とはなかなかならないわけです。

井上　丸山眞男[6]の言う「抑圧の委譲」ですね。

大澤　ええ、そうでないと割が合わないという感じになるんですね。このことを考えると、過去世代の行為の結果として、現世代が負の遺産を受け継がざるをえなかったりすると、過去世代を無条件に是認することは難しくなります。日本の場合、七〇年前の敗戦の問題もありますから――これについては後で改めて質問させていただきますが――、現世代が過去世代との間にストレートな継承関係を結ぶのが困難になっているのです。であるなら、将来世代との関係、将来世代への責任という問題は、過去の世代との関係がどうだったのかという事実とは独立した論理で何とか正当化できたほうがよいように思うんですね。いかがでしょうか。

井上　抑圧の委譲について言うと、上級生に理不尽な目に遭わされたことを批判しているわけだから、同じことを下級生にしてもいいという話にはなりません。新入生に対して、そうしたことをしていいのなら、上級生から理不尽なことを言われても文句は言えないはずです。

それから、大澤さんがいま言われたような、過去世代との反転可能性に依拠することなく、いかにして将来世代に対する独立した責務の根拠を構築するかですが、これは非常に難しいんじゃないかな。

大澤　難しいですね。難しいんですが、それがないと立ち行かない場合もあるという直感がありますす。突き詰めればそれは、時空を共有しておらず、相互性が絶対的に成り立たないような他者に対して、どのように責任を取るかという問題です。しかも、同じ他者でも、過去の他者（すでに死んだ他者）と未来の他者（まだ生まれぬ他者）では、後者との関係について考えるほうが難しい。

過去の他者であれば、亡くなったご先祖さまのおかげでこれこれが可能になっているとか、先人たちの努力によってこんにちの社会があるのだから、我々はそれを維持し繁栄させなくてはいけない、先祖や先人の思いを裏切ってはいけないとか感じることができます。過去の他者はこの世にいなくても、かつてはいたわけですから、その痕跡はあって、我々はその中を生きなくてはならないのですね。だから、その痕跡から完全に自由になることの方が困難です。しかし、この世に存在したことがない未来の他者となると、そうはいきません。

井上　少なくとも、地球上にいま存在している親世代と子世代の関係については相互性があるわけですよね。その延長線上で、さらに遠い世代のことを考えることができる。

6——丸山眞男（1914－96）日本政治思想史家、政治学者。『日本政治思想史研究』『増補版　現代政治の思想と行動』『日本の思想』などの著作がある。

一つ具体的な話をすると、以前、若手の法哲学研究者の中に、子育て負担を負う人々への公的支援や税の優遇措置に反対して、これからの地球にとって、人類を増やすことは犯罪的であるから、子どもをもうける人には税負担を重くし、逆に子どもをもうけない人の税負担を軽くすべきだという議論をしている者がいた。しかしこれはおかしな話であって、子どもをもうけない選択をした人たちも、老後には年金などの社会保障給付を受けることになるわけで、それが可能になるのは、次世代の労働力が経済活動を持続させてくれているからです。つまり、彼らも次世代に依存している。にもかかわらず、次世代労働力の再生産コスト負担を子を生む選択をした人に集中転化するなら、それはあからさまなフリーライダーで、正義に反します。

さらに、次世代労働力を再生産することは、現世代が老後をちゃんと生きていく上で必要だということを認めるのであれば、現世代が生んだ次世代が老後を送るとき、現世代と同じように子どもをもうけることを是認しなくてはならない。同様に、次世代の次の世代が子どもをもうけることも是認される。そんなふうにして、近接する世代間での正義の要請が、遠い将来世代にも無限に拡張されると思うんですね。

大澤　なるほど。さすがに明快なお答えですね。次世代労働力の話は、おっしゃる通りです。「自分の子ども」という話が出たので、それに関連して、もう一つだけうかがってもいいでしょうか。自分にとって身近な存在を優遇したいという気持ちは、多かれ少なかれ、どんな人でも持っているわけですね。しかしそういう感情を無制限に認めてしまうと、公平な評価が必要な場面で恣意的な判断が通ってしまったりして、「普遍化不可能な差別」が生じてしまう。ですから、正義を論じるときのポイントの一つは、「自分にとって身近な人」から発想するということを、どうやってカットするかという点にあります。

将来世代について論じる際に、自分たちの子どもや孫のことをまず考えましょうという人がいて、何も考えないよりはずっとましなんですが、子どもや孫というのは、自分にとってまだ身近に感じられる世代です。ところが原発から出る高レベルの放射性廃棄物が完全に無害になるには一〇万年かかると言われていて、そうなると日本という国が存在しているかどうかも分からない将来に対して、我々は責任を持たなくてはならなくなる。その場合、自分の子どもや孫の世代の延長上で発想するというベクトルは、普遍化要請のベクトルとは逆向きになっているような気がするのですが、この点についてはどうでしょうか。

井上　我々の共感能力の限界という心理的事実の問題と、将来世代への配慮義務という規範的要請の問題とを混同すべきではありません。近接世代間正義から遠い将来の世代との間の世代間正義へという私のさっきの議論は、遠い将来世代に我々が心理的に共感できるか否かからは独立に妥当します。その上でさらに言えば、共感能力についても、自分たちの子どももやがて子ども、つまり自分たちの孫を生み、その孫もやがて曾孫を、曾孫は玄孫《やしゃご》を生むだろう、そのころには自分たちは生きていないかもしれないが、彼らには悲惨な人生を送ってほしくない、と道徳的想像力による共感は持てる。遠い未来の人類の破滅の悲劇を描くＳＦ映画を見て、こうなって欲しくないと感じる共感能力は、我々にはあるでしょう。

大澤　たしかに理論的には無限大に拡大可能です。

4　絶対平和主義と消極的正戦論

大澤　では次に、戦争と正義について質問をさせて下さい。井上さんは『世界正義論』（二〇一二年）で、戦争に関する正義論について、二つの軸を立てて、四象限図式をつくっておられます（次ページ参照）。一つの軸は、正しい戦争とそうでない戦争という区別を立てるかどうかというもので、もう一つの軸は、政治的な目的を実現するための手段として戦争を利用するかどうかというものです。

この二軸を交叉させて導かれる、四つに整理された戦争理解の枠組みのうち、積極的正戦論というのは、「邪悪な体制」（とみなすもの）を正すための戦争は許されるというもので、その典型が十字軍やジハードなどの宗教戦争です。一方、無差別戦争観というのは、国益を追

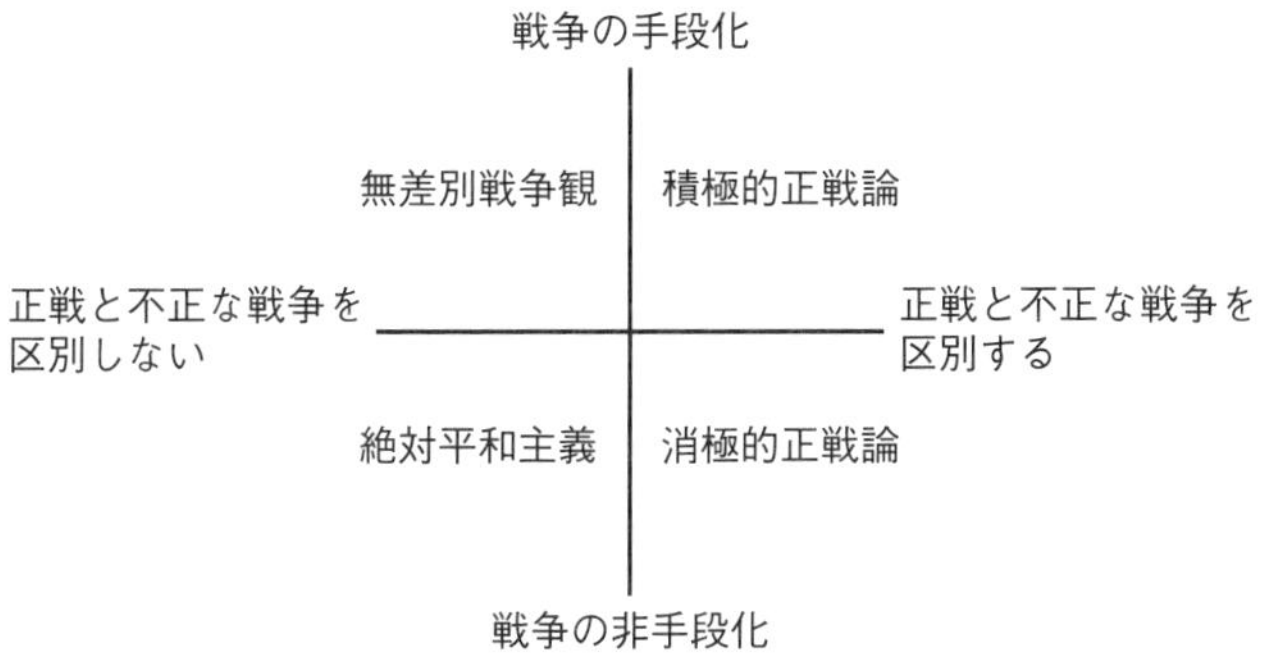

（『世界正義論』p.282の図を簡略化）

求するための戦争であれば許されるとするもので、第一次世界大戦に至るまでの戦時国際法では認められていた考え方です。戦争に関するこの二つの正義論は、今日のわれわれの観点からすると、戦争の正義論としてはいずれも破綻していて、却下せざるを得ない。

そうすると、侵略者に対して座り込んで抵抗するなど、非暴力抵抗を我々に要請する絶対平和主義と、自衛権を行使する手段としての戦争であれば正当な戦争として認めるという消極的正戦論（自衛正戦論）の二つが残るわけですが、戦争の正義論として国家が採り得るのは消極的正戦論であるというのが、ここでの井上さんの結論となっています。

少しだけ気になったのは、国家が採り得る戦争の正義論としては、絶対平和主義ではなく消極的正戦論であると結論づけたところです。井上さんの議論はほとんどすべて純論理的に進められているわけですが、ここだけが、論理以前の感覚、あるいは論理とは異なる常識に訴えているような感触があります。井上さんは絶対平和主義について、それは倫理的に大変立派なことで、それを貫徹できる人もいるだろうし、個人的な信念としてそう考えることは問題ないが、その倫理を国全体に課すのは無理がある、という議論をされています。言われてみれば、たしかにそうかなと思えるのです。が、井上さんが消極的正戦論を論じているところを読んでみると、それはそれで、けっこう厳しい思想なんですね。つまり、「絶対平和主義に比べて消極的正戦論のほうがずっと楽である」というわけではなさそうです。

消極的正戦論を国家が採用した場合、いまの自衛隊のような国防軍をもつことになります。民主的な決定の下で、そうした軍隊をもつのであれば、他人が作り上げた平和にただ乗りするのは認められないので、原則として徴兵制でなければいけない、というのが井上さんの考えですね。ただし、絶対平和主義を貫きたいという人もいるだろうから、そういう人のために、良心的兵役拒否をする人には、良心的兵役拒否ができるようにしておく。その場合、それが偽装とならないよう、良心的兵役拒否をする人には、戦争に行くのと同じくらい厳しい代わりの役務を課す。井上さんはそういう議論をされていて、私としても説得されるわけですが、考えてみれば、これは相当に厳しいやり方です。

井上　私は厳しいですよ。

大澤　専守防衛について論じている護憲派はたいてい、自分が専守するのではなく、誰か別の人が守ってくれると思っています。しかし、井上さんの消極的正戦論の場合、徴兵制でなくてはならず、守るのは自分たちでということになるわけです。一方、絶対平和主義の場合、侵略されても何もせず、侵略者の言いなりになればいいのかというと、そんなことはない。武力は用いないとしても、座り込みをしたり、ゼネストをうったりするなど、非暴力的な手段でもって徹底的に抵抗しなくてはなりません。それができなければ、自分が、そして家族や友人が、侵略者から奴隷扱いされても甘受しなければならないわけですが、それは論外です。

消極的正戦論では、国民は銃をもって侵略者と戦うわけですから、いかなる国民も、潜在的には兵士であると言っていいでしょう。他方で、絶対平和主義の場合、潜在的にはすべての国民が非暴力抵抗者でなければいけない。こうしてみると、両方とも相当に厳しい思想であることが改めて分かります。だとすれば、絶対平和主義における倫理的なハードルが高いということを理由にこれを拒むのは難しくなるような気がします。

憲法九条を素直に読めば、明らかに絶対平和主義の立場で書かれているわけですから、絶対平和主義でいくという手もあり得るのではないでしょうか。ところが井上さんは、最終的には絶対平和主義を、「並の人間」には背負いきれない倫理であるとして斥けています。その理由が、井上さんにしては珍しく、論理的な理由でない理由になっているような気がしたのですが、これについてはいかがでしょうか。

井上　消極的正戦論では、国民は銃をもって侵略者と戦う、と言われましたが、それは徴兵制の場合ですよ。自衛隊任せにしながら、自衛隊は戦力でないなどという詭弁で、その事実すら隠蔽している日本国民の大多数は、高い倫理的ハードルを自らに課すどころか、倫理的タダ乗りの欺瞞に耽っているだけです。自衛戦力を保持したいのなら、徴兵制と厳しい代替役務を伴う良心的兵役拒否権とのセットでなければならない。自衛戦力保持に対するこの条件付け制約を自覚した上で、非武装中立を選び、非暴力抵抗が伴う自己犠牲を引き受ける本当の覚悟をもった人々は、いるとしてもごく少数です。

自分たちを殺そうとしている敵に対しても、非暴力抵抗に徹して殺されるリスクを引き受けることが「義務以上の徳行（supererogation）」――やれば賞賛に値するが、しないからといって不正だと批判されない行為――だという私の主張は、単なる論理的理由だけでなく、普通の人々に期待できる自己犠牲負担能力についての経験的前提に依存しているのは、その通りです。規範的判断は一定の公理的原理からの論理的演繹のみによって導出できる、などという基礎付け主義の立場を私がとっていると大澤さんが考えているとしたら、それは誤解です。私はこの種の基礎付け主義をはっきり斥けています（拙著『普遍の再生』第七章など参照）。「敵に殺されそうになったら、武器をとって敵と闘う」か、「敵も殺さないために、敵に殺されることを受忍する」か、と問われたら、普通の人々は前者を選ぶだろうというのは、経験的前提として間違っていないでしょう。

しかし、重要なことは、次の二点です。第一に、非武装中立の絶対平和主義は義務以上の徳行だから、これを世界正義の要請としてすべての国民に義務付けることはできませんが、日本国民が自発的にこの崇高な義務以上の徳行を引き受けることはできます。日本国憲法九条はこの選択を表明しているのですが、原理主義的護憲派も含めて圧倒的多数の日本国民はこの選択を実際には拒否し、違憲の自衛隊と日米安保を、少なくとも専守防衛の枠ならＯＫと受容している。この欺瞞を正すために私は九条削除論を提唱しているわけですが、非武装中立も含め特定の安全保障政策を憲法で凍結することを斥けているのであって、通常の民主的立法過程で、自衛隊・安保を廃棄する選択を日本国民がする可能性は開いています。

第二に、侵略する敵を武器をとって殺すよりも、敵をも殺さないために、敵に殺されることを受忍するという、崇高な選択を現実に実行できる人も少数ながらいるでしょう。私の立場は、そういう人々の選択を排除していません。自衛戦力保有に対する条件付け制約として、徴兵制に加え、良心的兵役拒否権の保障を要請しているのは、この崇高な選択への個人の権利を保障するためです。しかし、良心的兵役拒否権は、代替役務が軽すぎると、防衛のために戦うコスト・リスクを他者に転嫁して、自分を安全地帯に置くという利己的動機で濫用される危険がありません。この不正なタダ乗りを排除するために、代替役務は非武装看護兵とか、消防隊とか、自ら生命を失うリスクを負ってでも他者を殺さない仕方で奉仕するという、厳しい役務でなければならない。殺されても殺し返さないという、峻厳な非暴力抵抗思想が良心的兵役拒否権保障の根拠ですから、この厳しい代替役務は当然でしょう。

大澤　おっしゃる通りです。が、その上で思うのは、日本人は、本当は消極的正戦論も選んでいないということです。井上さんも言うように、消極的正戦論を選ぶなら、志願兵制ではなく徴兵制でなければならない。しかし、自衛隊を容認するリベラルは、徴兵制は絶対に認めないでしょう。ということは、井上さんの言う、消極的正戦論のレベルになっていないわけです。したがって、本音を言えば、今のところ日本人は消極的正戦論も絶対平和主義も引き受ける気がないのではないか。ちょっと意地悪なことを言えば、徴兵制を否定する（けれども自衛隊は必要だという）リベラルは、絶対平和主義の気分で、消極的正戦論を維持する、ということだと思いますが、それは欺瞞です。だから、今のところは、リベラルでさえも、絶対平和主義でもなければ、正しい消極的正戦論でもない。しかし、どちらかを引き受けなくてはならない。ならば、絶対平和主義もあり得るのではないでしょうか。

井上　論理的にはあり得ますが、さっき言ったように、現実には日本人はその選択をしていません。いまの日本国民の圧倒的多数は、非武装中立の政治的選択を支持していない。自衛隊・安保の存在自体が違憲だと言っている原理主義的護憲派も、専守防衛の枠内なら自衛隊・安保は政治的に是認できるから、違憲のまま存続させろと、いまや公然と主張している。非武装中立を選択するということは、日本が攻撃されても自分たちで武力抵抗しないというだけでなく、他の諸国や国連など国際社会に武力介入して守ってくれと頼むこともできないということです。その覚悟がいまの日本人にあるとは思えないし、将来その覚悟を持つ人々が多数派になる日が来るとも思えません。

大澤　なるほど。ただ、消極的正戦論の場合、殺されそうになったら武器をもって戦うわけですよね。しかし、実際にそういう状況に立ち至って、それができるかどうかということがあります。

たとえば南北戦争に従軍した多くの兵士が、銃をもたされているのに、敵兵を前にして、どうしても撃てなかったという記録が残っています。つまり、生きるか死ぬかの瀬戸際の状況なら、躊躇なく相手を殺せるだろうと思っていたら、そんなことはなかった。このことに、当時のアメリカ政府（北軍）は強いショックを受けたのだそうです。それぐらい、人を殺すことに伴う心理的な負担は大きい。そのことは踏まえておく必要があると思うんですね。

それから、右／左を問わずほとんどの日本人は徴兵制に反対でしょうけれども、そういうとき、自衛隊なり国防軍なりでの活動を、やりたくない汚れ仕事、ないほうがほんとうはよいけれども仕方なくある仕事、必要悪、……といったイメージで捉えていることが、私としては気になっています。自衛隊を認めるのであれば、それは、国にとってどうしても必要な、崇高な任務であると認めないといけない。自分だって、召喚されれば喜んで参加します、と思うような有意義な仕事として承認しないといけない。そうでなければ、自衛隊員があまりにもかわいそうです。また、そのように意味づけられなければ、自衛隊だって士気があがらないでしょう。やがて、志願兵として自衛隊に入る人だって、足りなくなってしまうかもしれない。

井上　そうでしょうね。自衛隊に入るにしても、自衛戦争で戦闘する意志はなくて、たとえば特殊車両を扱う技術を身につけた後は、さっさと辞めて、次の仕事に活かそうとする人が出てきても、まったくおかしくはない。

大澤　そうです。ですが、万一、侵略を受けたなら防衛に努めなくてはなりませんし、場合によっては戦闘行為の中で、相手を殺してしまうこともあるかもしれません。ただ、そんな覚悟で入隊する人は、おそらく実際には少なくて、非常時に出動するとしても、災害援助などをイメージする人のほうが多いのではないでしょうか。だからといって、使命感が足りないということではなくて、そもそも、自衛隊に対する私らの託し方に問題があると思うんですね。

今回、集団的自衛権のことが問題になって、いずれ徴兵制が導入されるかもしれないという観測が流れ、これに反対する人たちからは、とんでもないことだ、絶対反対だという声が上がる一方で、集団的自衛権に賛成する側からは、そもそも徴兵制などあり得ないという声が上がっていました。私に言わせれば、どちらもおかしい。集団的自衛権に賛成の人は、国際平和に貢献するためにも徴兵制もありうると、はっきりと言わなくてはいけないと思うんですね。

井上 おっしゃる通りです。実際、護憲派の中にも、日本がもし戦力をもつなら、徴兵制、国民皆兵でなければならないと主張する人がいます。樋口陽一さんや伊藤真さんがそうです。しかしこの人たちは、「徴兵制は怖いだろう、だから九条を固持しろ」という、国民に対する脅しとしてこの議論を使っているだけです。これは甚だしい欺瞞です。彼らが、自衛戦力保有は徴兵制を条件としてのみ承認されると本当に信じているなら、私のように、この条件付け制約を憲法に盛り込めという憲法改正の主張をしなければならない。彼らはそんな主張をするどころか、憲法改正を封じ込めるために国民を脅しているだけです。それだけではありません。彼らは、自衛戦力を保有しながら自衛隊任せにしている現状を、違憲だけど専守防衛の枠内ならOKと、このまま存続させようとしている。自衛戦力をもつなら国民皆兵だなどと勇ましいことを言いながら、実際には、自衛隊への倫理的タダ乗りの現状を固持しようとしている。

5　自衛隊と在日米軍基地を考える

井上　護憲派によって都合よく利用されている自衛隊が、いまどんな危険な状態に置かれているかも直視する必要があります。問題は集団的自衛権行使がもたらす交戦リスクだけではありません。いまや国連主導のＰＫＯ活動も、その主軸が停戦監視から住民保護へと移ってきて、現地勢力と戦火を交えるケースが増えています。いくら後方支援といっても、敵から見れば戦力の一部ですから、いつ何時、攻撃されるか分からない。にもかかわらず、戦力放棄を掲げる憲法の下で、自衛隊は戦力でないと見なされていますから、伊勢崎賢治さんが指摘しているように、武器使用がきわめて困難になっている。国連の多国籍軍は派遣先の国と地位協定を結び、現地の民間人を誤って射殺しても、現地法による処罰は免責される。その代わり自国軍の軍事裁判法（軍法）と軍法会議によって裁かれる。しかし自衛隊の場合、戦力ではないとされているから、軍法・軍法会議による処罰手続がない。この状況は自衛隊の武器使用を放縦化するように見えるかもしれませんが、事態は逆です。法的責任処理方法に空白ないし不明確性があるゆえに、自衛隊は武器使用したら他国軍の場合にはない厄介な政治的問題を惹起する危険があるため、武器使用が現実にはできなくなっている。

ですから、イラクのサマーワへ派遣された自衛隊員たちも、武器を使えなかった。このため自衛隊は、他国軍が砂漠地帯向けの茶色の迷彩服を着用する中で、わざわざ緑色の目立つ迷彩服を着用して、自己の軍事的脆弱性を示し、危険な存在ではないとアピールすることで、戦闘に巻き込まれないようにした。これって、自分たちが本当に攻撃されたらあっけなく殺される状況に身を置くということです。自衛隊員がどれほどの恐怖感に苛まれながら任務を遂行していたか、想像を絶するものがあります。帰国後、PTSDで自殺した隊員も、少なからずいたと聞きます。集団的自衛権が行使できるようになって、こういう危険な地域へ自衛隊員が送り込まれる可能性がいっそう高まっています。にもかかわらず、「九条があったから日本は平和な国でいられた」などと、美しい自己イメージに酔う人々が、自衛隊を軍隊として法的に認知することを拒むことによって、自衛隊員を危険な状況に追い込んでいるわけですよ。その自覚がない護憲派は、大変な欺瞞に陥っています。看過できません。

「自衛隊って『戦場』に行くの？　問われる国民合意と報道」という、毎日新聞労組が主催したシンポジウムに招かれて、元陸上幕僚長の冨澤暉《ひかる》さん、前海上自衛隊呉地方総監の伊藤俊幸さん、それから既に触れた、国連のPKO活動などに長く携わってきた伊勢崎賢治さんと議論をしました。司会は、防衛大卒の毎日新聞編集委員、瀧野隆浩さんでした。冨澤さんと瀧野さんのそれぞれの著作と、シンポでの発言で、自衛隊についての衝撃的な現実を教えられました。
瀧野さんによると、イラクに復興支援で派遣された自衛隊が宿営地としていたサマーワで、移動中の自衛隊車列が、道路脇に仕掛けられた即席爆破装置（ＩＥＤ）で攻撃を受けたんですが、射出された鋼鉄弾の大半が、なんと時速四〇～五〇キロで走る二両目と三両目のわずか数メートルの車間を抜けてくれた。この天文学的確率の幸運によって、自衛隊は大きな被害を受けずにすみましたが、死者が大勢でて当然の攻撃だった。それから、冨澤さんによると、自衛隊の場合、国内での訓練中にも多くの自衛隊員が亡くなっているんですね。有事の際に適切な行動がとれるよう、日頃から厳しい訓練が行われるなかでの殉職死。これは日本の軍事的抑止力を維持・強化するための殉職だから、冨澤さんはそれを「戦死」に準じるものだと言われてましたが、このような訓練死がほとんどである殉職者が、自衛隊発足後の六〇年間で、何人いると思いますか？　一五〇〇人以上なんですよ。

大澤　すごい数ですね。

井上　しかも、殉職者を慰霊する施設は、自衛隊内にしかありません。自衛隊の防衛抑止力に依存しているのに、国民の多くは、そうした訓練死の事実を知らないし、慰霊することもない。ですから、世俗的な慰霊施設は造るべきで、過去の戦死者も、かつて日本に侵略された国々の犠牲者も含めて、ちゃんと国民が慰霊できる施設が必要なんですよ。ところが護憲派の多くは、こうした問題と向き合おうとしない。

大澤　いまのお話をうかがって、改めて痛感しましたが、自衛隊は現に存在し、災害救助などでも活躍し、抑止力としての役割をはたしてもいるのに、ある種の護憲派からは、「本来なら、いてはならない存在だけれど、いてくれ」と思われていて、あまりにもかわいそうです。

井上　殉職者一五〇〇人以上というのは、まさに彼らにとっての日常的現実ですからね。

　昨年（二〇一五年）一一月に、沖縄で法哲学会が開かれた機会に、学会関係者と那覇の陸上自衛隊基地を見学したとき、不発弾処理部隊の活動の説明を聞きましたが、これにも驚きました。自分の無知を恥じますが、私はたまに不発弾が発見されると、出動するんだろうと思っていました。しかし、これは大間違いで、ほとんど日常的に出動している。これまでに三万件以上、不発弾を処理しているんですね。見学したのは月曜でしたが、その前の土日だけでも六、七件処理したと言ってました。これが沖縄の、そして自衛隊の現実なんです。

　米軍が不発弾処理をするときはロボットにやらせるんですね。しかし、それだと作業が粗くなって、不発弾が爆発することがある。住民は避難させても、彼らが住んでいる住居は残る。それで民家に被害が出ても、金銭賠償で済ませればいいというのが米軍の方針。それに対して自衛隊の場合、住民にとって大切な住居にも被害は絶対出したくないと、ロボットに任せたりせず、隊員自らが作業に当たっています。周囲に被害を与えてはいけないということで、大きな穴を掘って、四人の隊員が入っていく。直接、不発弾処理をするのが二人で、残り二人は作業ミスがないよう、しっかり見守っている。これだけリスクの高いことを、日常的に行っているわけです。

この説明をしてくれた不発弾処理部隊の幹部は三〇代半ばから四〇代前半くらいに見える自衛官で、我々法哲学会関係の見学者に、「自分は中卒なので、法哲学という学問は知りません」と、自己紹介していた。陸自には、中学卒業後に入学する高等工科学校があります（二〇一〇年に改編される前は少年工科学校と呼ばれていた）。ここに入学して、毎月、九万何千円かの給料をもらいながら自衛官になるための基礎的教育を受け、卒業後は自衛官になる。我々の説明役になった彼もこのルートを経たのだと思います。護憲派の中には、こういう人たちが体を張って不発弾処理をしている現実と向き合おうとせず、それどころか、殺人集団呼ばわりする輩すらいる。許せません。

大澤　日本には今、駐日アメリカ軍の基地が百三十数カ所あって、沖縄にはその七割近くが集中しています。こうした中で、沖縄にある米軍基地はすべて撤去させて自衛隊の基地にしたら、沖縄の人たちは、それを自国の軍隊だからということで容認するのか、それとも米軍基地であろうが自衛隊の基地であろうが、どちらも認められないということになるのか。井上さんはどう思われますか。

井上　どちらでも同じですね。こんなにも基地が集中しているということは、攻撃されるリスクがそれだけ高まるわけですから。

これだけは言っておきたいのですが、戦略的に合理的な理由で、沖縄に基地が集中したわけでは全くありません。知られているように、占領期には全国各地に米軍基地があった。ところが、サンフランシスコ講和条約で日本が主権を回復した後、本土では基地反対運動が次々に起きて、米軍にとって、基地を維持するための政治的コストが急速に高まっていった。沖縄だけはアメリカの施政権下にあったので、有無を言わさず、基地を押し付けることができた。それで沖縄への基地移設が進んだわけです。

戦略的には、合理性などないどころか、愚かな選択でもあります。というのも、在日米軍専用基地の七割が集中している沖縄に核弾頭が撃ち込まれれば、たった一発で大半の米軍専用基地が失われてしまう。米軍の観点からも、軍事的な合理性でいえば、基地は各地に分散させなければ意味がないわけです。ですから、沖縄に基地が集中しているのは、政治的な理由でしかありません。結局それも、日米安保の防衛利益は欲しいけれど、近隣に米軍基地があるのは嫌だという、本土住民のエゴの問題なんですよ。典型的なNIMBYです。この言葉は、"Not in my backyard."の略で、ゴミ焼却施設、原発、軍事基地など、嫌忌施設が提供する便益は必要だ、でも自分の傍には置かないで、というエゴをふりかざす人々を指します。

6　改憲派と護憲派、それぞれの欺瞞

大澤　なるほど。井上さんは『リベラルのことは嫌いでも、リベラリズムは嫌いにならないでください』の中で、改憲派にしろ護憲派にしろ欺瞞に陥っていて、とりわけ護憲派のそれはひどいと指摘されています。

ステレオタイプのイメージでは、改憲派は、現実主義的な戦略家なので、「欺瞞」と言ったら本人たちは怒るでしょうが、ともかく、ときに大義を犠牲にすることも辞さないという態度をとるけれども、護憲派は、真面目な理想主義者なので、筋を通そうとしていて欺瞞はない、というようなことになっています。しかし、井上さんの議論では、どちらにも欺瞞があるにせよ、護憲派の欺瞞の方がより深い。この部分の井上さんの議論は非常に説得力があります。きちんと耳を傾ければ、腑に落ちる、と感じる人が多いはずです。井上さんの議論をまだ知らない読者もいるでしょうから、とくに護憲派の欺瞞について、改めてご説明いただけますでしょうか。

井上　最初に改憲派の欺瞞について話をさせて下さい。三つあります。

一つは、占領期改革の美味しいとこ取りをしていながら、まったく恥じていないということ

と。憲法について、松本草案を蹴飛ばしてマッカーサー草案を押し付けたと改憲派は文句を言うけど、占領軍は日本政府の第一次農地改革案を微温的すぎると蹴飛ばして、もっとラディカルな第二次農地改革案を押し付けた。これは戦前の地主制度を解体し、のべ二三七万人の地主から農地を買い上げて四七五万人の小作人に売り渡すという大改革だった。マルクス主義的な用語を使えば、憲法改正はイデオロギー的上部構造の改変に過ぎないのに対し、土地所有構造のこの大変革は、経済的下部構造の変革で、文字通り、革命です。これを日本が自力でやろうとしたら流血の内乱になったでしょう。この押し付けられた農地改革のおかげで創設された多数の自作農が、自民党保守政権の安定的な支持基盤となった。ところが押し付け憲法反対を主張する改憲派も、押し付け農地改革反対とは絶対に言いません。結果がよければ文句は言わない。これが第一の欺瞞です。

第二の欺瞞は、憲法は押し付けられたものだからけしからん、主体性を回復しなくてはいけないと口では言いながら、実際には軍事的な対米従属構造を強化するために改憲を主張している。かつて鬼畜米英と罵っていたにもかかわらず、これだけ米軍基地を喜んで受け入れている。こういう連中を私は偽ナショナリストと呼んでいます。六〇年代の安保闘争時の左翼のほうが、むしろナショナリストでした。

第三に、改憲派のいう「押し付け憲法論」そのものが欺瞞です。たしかに占領期に押し付けられたものですが、主権を回復して以降は、国民の支持が得られれば、改憲は可能だった。ところが、圧倒的多数の国民はそれを望まず、九条を残したほうがいいと考えた。そのことまで、占領軍の押し付けのせいにはできません。にもかかわらず、これを押し付けだと強弁するのはナンセンス。これが第三の欺瞞です。

大澤　すべて疑問も反論もありません。では護憲派についてはどうでしょうか。

井上　私は護憲派を、原理主義的護憲派と修正主義的護憲派の二つに分けていますが、それぞれ違ったかたちで欺瞞がある。それを言う前に、「護憲派伝説」と私が呼んでいる、護憲派全体の問題点について話をさせて下さい。それは何かというと、「九条のおかげで戦後日本は戦争をせずに済んできた」という言説です。これはまったくの嘘です。

第一に、戦後日本は他国に対し非侵略的という意味で平和国家だったか？　答えはＮｏ！です。ベトナム戦争にしても、イラク侵攻にしても、日本はアメリカに軍事拠点を提供することによって、米軍の侵略戦争に加担してきたわけです。お先棒は担いでいないとしても、こっそり「お後棒」は担いできた。戦後日本はけっして非侵略的な国ではありません。

第二に、日本が他国から侵略を受けなかったのは九条のおかげなのか。これも答えはＮｏ！です。憲法九条に反する自衛隊が、そして日米安保条約が存在したおかげなんですよ。「九条のおかげで侵略されずに済んだ」という言い方は、この現実を隠蔽してしまう。圧倒的多数の護憲派も、九条はあったほうがいいと何となく思っている一般国民も、この欺瞞に陥っています。

そのことを確認した上で言うと、原理主義的護憲派は、憲法に照らせば自衛隊も安保も違憲であり、九条本来の精神に立てば非武装中立しかあり得ないと主張してきたにもかかわらず、専守防衛の範囲であれば自衛隊も安保もＯＫと黙認し、最近では、公刊された著作で、そのことを公然と主張する者も出てきた。自衛隊・安保は専守防衛の枠内でなら、政治的に是認できるが、違憲のまま存続させろ、なぜなら、違憲と言い続ける方が専守防衛の枠にとどめておく政治的戦術として有効だからだ、という理屈です。自衛隊・安保を違憲と言っている連中が、この違憲の現実を固定化させようとしている。憲法に対する最も許し難い裏切りです。彼らを原理主義的護憲派と呼んだのは、九条は非武装中立だというその憲法解釈が九条の真義に沿っているという意味にすぎません。憲法の絶対平和主義を実際には捨てていながら、自分たちの政治目的を追求する手段として憲法をご都合主義的に利用しているという点で、「原理主義的」というのは本当は褒めすぎです。

それから修正主義的護憲派のほうは、専守防衛の枠内であれば自衛隊も合憲だと主張しているわけですが、その論拠は、自衛隊は戦力ではないから、というもの（笑）。日本の防衛費は経済大国と言われた時期に世界二位になったこともありますが、経済的地位が低下した現在でも五兆円以上で、世界第五位の予算規模です。この世界有数の武装組織を、なぜ戦力でないと言えるのか。仮に百歩譲って、自衛隊が戦力でないとしても、世界最強戦力である米軍を戦力でないとは言えない。安保条約にもとづいて、この世界最強の戦力である米軍と共同で戦う自衛戦争が、憲法九条が禁ずる交戦権の行使でないとは、どうころんでも言えない。これを解釈改憲と言わずして、何を解釈改憲と言うのか。自分たちがあからさまな解釈改憲をしておきながら、集団的自衛権行使については解釈改憲でけしからんと文句を言う。恥知らずの欺瞞です。

7 政治的に幼稚化する安倍政権

井上 改憲派について一点つけ加えると、現に自衛隊が存在し、それを必要としているのだから、憲法を変えなくてはならないと主張したという意味で、従来の改憲派は、政治的欺瞞はあったにせよ、憲法論的には正攻法をとっていた。護憲派は、憲法を大事にすると口では言いながら、憲法を裏切っています。護憲派のほうがよほどタチが悪い。そう思っていたのですが、ある時期以降、安倍政権は護憲派の悪習を学んでしまった。九六条を改変して、憲法改正のハードルを下げようとしたが、さすがにそれは筋がよくないということで改憲派からも批判が出て撤回した。すると今度は、修正主義的護憲派と同じ手口を使って、解釈改憲をさらに拡大することで、面倒くさい改憲プロセスをスキップして安保法制を通した。解釈改憲で国民を馴らしておいて、衆参でそれぞれ三分の二以上の議席が取れたら、改憲発議に踏み切るだろうとよく言われますが、国民投票で勝つ見込みがなければ、そこまで踏み込む覚悟はないでしょうね。

大澤　そうかもしれません。

井上　憲法解釈・憲法改正の問題について私は護憲派を批判していますが、私の政治的な立場は、基本的には護憲派と同じです。自衛隊は他国からの攻撃に対する防衛に徹して、日米安保条約は個別的自衛権の枠内にとどめる。したがって、集団的自衛権の行使には反対で、国連主導の集団的安全保障体制の下で、より積極的な協力をしていくべきだと考えています。そうは言っても、国連の安保理には拒否権問題がありますから、国連主導といっても、そう簡単にはいきません。さらに、近年、国連の多国籍軍が平和維持活動の枠を越えて交戦主体化しているという問題もある。いまのような国際社会の状況下では、国連主導の集団的自衛権体制の欠陥を補完するものとして、個別的自衛権という枠内での日米安保も必要です。ですが、それを超えて、集団的自衛権の行使容認に踏み切る政治的な必要性はまったくありません。にもかかわらず、安倍政権は解釈改憲によって、それを押し通してしまった。

大澤　吉田茂[7]のような、かつての大物保守政治家は、そのことを理解していたわけですよね。

井上　その通り。ある時期までの日本の保守派は、米国からの軍事協力拡大圧力に抵抗するために、九条を交渉カードとして使っていました。私は、九条に頼るのではなく、大人の政治的交渉力で対処すべきだったと思います。個別的自衛権の枠内でも日米安保は米国に最大かつ代替不能な海外戦略拠点を提供している。米軍基地や「思いやり予算」だけでなく、極めて重要な兵站拠点を提供している。そもそも、アメリカが日本を守ると言っているのは日本のためではありません。海外における最大かつ代替不能な米国自身の戦略拠点を守るためなんですよ。「言うこと聞かないと、米国は日本から撤退するぞ」と向こうが脅しをかけてくるなら、「それはあなたたちにとって巨大な戦略的資源を放棄する愚かな選択だと思いますが、やりたければどうぞ」と、米国のブラフ（ハッタリ的脅し）に対抗する大人の政治的交渉をすべきだったと思うし、九条に安易に頼ることで、そのような大人の政治的交渉力の陶冶が妨げられたと思います。それでも、昔の保守政権は自分たちにそのような大人の政治的交渉力がないことを自覚して、その代償措置として九条を使うという、悲しく屈折してはいるけれど、それなりの知恵はあった。

安部政権は大人の交渉力は依然としてないくせに、この不完全な代償措置としての九条カードも捨てようとしている。しかも、それに見合う米国からの反対給付の明確な約束もとりつけていない。たとえばアメリカのオバマ大統領は尖閣諸島について、二〇一四年に「（対日防衛義務を定めた）日米安保条約五条の適用対象」であると明言していますが、これは一九九六年のクリントン政権時代の声明から米国が繰り返してきた無意味な外交辞令です。国際法上、日本の施政権下にあるというのは、日本の実効的支配下にあることを意味するだけで、日本の主権下にあるということではありません。米国は当たり前のことを言ってきただけで、尖閣の領土問題について日本の肩をもったわけではまったくありません。しかも日米安保条約には自動執行性はない、すなわち、中国が尖閣諸島に対して軍事行動を起こしても、米国が対抗的軍事行動に当然踏み出すとは限らないという留保をずっと付けています。それなのに安倍政権は、個別的自衛権の枠内でしか協力しないという、non-negotiable line（交渉の余地のないギリギリの線）を一方的に捨ててしまった。安倍政権は、これまでの保守政権以上に、政治的にきわめて幼稚化していると言うほかありません。

7——吉田茂（1878－1967）戦後、二度にわたり首相を務めた政治家。日本に対しアメリカが、再軍備および防衛力増強を求めてきたのに対して、経済復興を理由に渋り、軽軍備かつ経済発展という「保守本流」路線の基礎を築く。

8　日米関係を根本から考える

大澤　改憲派にしろ護憲派にしろ、低レベルの争いをしていて、かなしくなる話です。集団的自衛権の行使容認についても、おっしゃる通りで、日本がなぜそこまでしなくてはならないのか、素朴な疑問が湧いてきます。

尖閣諸島の領有権問題に、アメリカがどれほどコミットするのか分かりませんが、アメリカにとっても中国は重要な国ですから、中国と戦争をする気はないはずです。もちろん日本も、アメリカにとって重要な、あるいは有用な同盟国。こうした中で日本人は、アメリカからのポジティブな承認を求めているのではないでしょうか。一言でいえば、アメリカにもっと好かれていたい。

そう考えると、アメリカに対して日本が必要以上に従順になったり、求められる以上のものを差し出してしまったりするのは、個々の状況判断に失敗しているからではなく、むしろ状況判断を歪曲させてしまうような、戦後七〇年にわたって日本人が醸成してきた、アメリカに対する強い依存心のせいではないのか。その依存心があるので、いくらアメリカに尽くしても、尽くし足りないような気分になり、基地を提供するだけではなく、思いやり予算を出し、集団的自衛権を提供したりもする。そう思えてくるのですが、この点についてはいかがでしょうか。

井上　強い依存心の背景には、「見すてられ不安」、アメリカに見捨てられたらどうしようという不安がある。しかしそれは、まったく根拠のない不安です。

その背景には、安保条約に対する大きな誤解があります。日本が攻撃を受けたらアメリカが守ってくれるのに、アメリカが攻撃されても日本は何もしないのは不公平だとよく言われますよね。しかし、そんなことはありません。先ほど言ったように、日本は米国に対し、海外における最大かつ代替不能な戦略拠点を提供し、かつ万が一米国が攻撃される場合には日本の米軍基地も攻撃されるというリスクを既に負っている。米国が安保を廃棄するとしたら、それは米国が自らの世界戦略の枢要な戦略拠点を自分からわざわざ放棄することを意味するのです。

大澤　目下のところはほとんどあり得ない想定ですが、もしアメリカが日米安保条約を破棄すると言ってきたら、日本はどうなるでしょうか。

井上　はっきりしています。日米安保が破棄されるなら、日本の核武装の可能性が現実化せざるを得ない。「日本は唯一の被爆国として、非核三原則を守ってきた」という言説がいまだに広く流布していますが、これは米国の核の傘に守られてきたことを見ない幼児的思考です。

米軍横田基地に核弾頭があったということは、ライシャワーがはっきりと証言しています。

　清水幾太郎[8]は『日本よ国家たれ』（一九八〇年）で、日本は核武装せよと言いました。反米ナショナリズムという観点からすれば、清水の議論は一貫しています。私は日本から日米安保を廃棄して核武装をするのは現時点では賢明でないと思いますが、米国が日米安保廃棄を求めてきたら、清水の日本核武装論はにわかに現実性を帯びざるを得ない。日本には核武装のための技術力が十分あるだけでなく、核兵器の原料となるプルトニウムも、原発の副産物として十分蓄積されている。米国が日米安保を廃棄して日本から軍事的に撤退すると、既に述べたように、米国にとって枢要な戦略拠点を放棄することになるだけでなく、日本を核武装に追い込み、旧敵国でありながら戦後従順な同盟者になってくれた日本を、再び統制困難な危険な存在にしてしまう。米国に戦略的知性があるなら、このことを自覚しているはずです。見捨てられ不安に根拠がないと私が言うのは、米国の善意を信じているからではなく、そんな愚かな選択をわざわざするほど米国は馬鹿な国ではないと考えるからです。

　米国の大統領候補者争いで、トランプ現象がいま注目されています。移民排斥など過激な言動で注目を浴びた共和党大統領候補のトランプが、最近、日本に核武装せよと要求したりしていますが、これは良く見て、米国への軍事協力を拡大させるための日本へのブラフ、悪く見れば、戦略的知性のまったくない目立ちたがり屋の馬鹿老人の妄言です。民主党オバマ政権だけでなく、共和党の本流も、滅茶苦茶なことを言った方が注目を浴びていいと言動をエスカレートさせるトランプに手を焼いている。反知性主義的ポピュリズムが台頭するのは米国政治史において時折見られますが、トランプ現象が米国政治の主流になるとは思えない。しかし、万一、彼を大統領にするほど馬鹿な選択を米国民がするようなら、こういう馬鹿な国の言いなりになるのはもっと馬鹿で危険なことですから、日本も安保の存続を再考せざるをえなくなるでしょう。

日本と米国は利害関係で結ばれていますし、米国は日本から十分すぎるほど利得を得ています。これ以上、日本が与える必要はありませんし、大人同士のギブ&テイクで、安保の下での日米軍事協力については個別的自衛権の枠内で交渉すればいい。日本はもっと大人の国にならなくては。

大澤　日米安保条約は活用すればいいのであって、必要以上に与えることはないというお話ですが、日米安保をうまく使いこなそうとすると、これまで以上にアメリカに依存するようになって、それが永続化してしまうような気もします。もちろん、井上さんが言われるように、ギブ&テイクでやればいいのですが、どこか精神的に依存しているせいで、このままではうまく行かないかもしれません。今、大人同士の関係でなくてはならないとおっしゃい

8――清水幾太郎（1907－88）社会学者、評論家。『流言蜚語』『現代思想』『倫理学ノート』などの著作がある。

ましたが、正直なところ、日米関係は、大人と子どもの関係なんですね。かつてマッカーサーは、日本人を「一二歳の少年」だと言いましたが、七〇年経っても、日本人は大人になっていない。日本人は、ほんとうは、いい年になっているのに、アメリカという親にずっとパラサイトしていて、ある日、親から「お前もそろそろ自立しなさい。もう仕送りは打ち切ることにする」と言われるのをひそかに恐れている息子のような状態ではないか、と思います。だから、親に見捨てられないように、過度に従順になっている。確かに井上さんが言われるように、客観的には、アメリカも日本から相当な恩恵を受け取っているので、日本への「仕送り」をすぐに打ち切るような状況ではないのかもしれませんが、日本側に、利害関係を超えた依存心がありますから、いくら客観情勢を説いたところで、心底からは納得できません。ですので、思い切って、長期的には「破棄」をも視野に入れて日米安保条約を縮小させる方向で考えないと、この過剰で不合理な依存心を克服できないような気もするのですが、この点、いかがでしょうか。

井上　私が言っているのは、日米安保を未来永劫、維持せよ、ということではないんです。ただ、日米安保は日米関係だけの問題ではない。それは、かつてアジア諸国を侵略した日本を、米国との協働という制約の下に置くことで、アジア諸国の対日警戒心を緩和するという機能ももっている。日米安保の段階的な縮小は必要ですが、それは、アジアにおける地域的な安全保障体制の構築と並行して進めなければならない。それなしに、日本が突然日米安保を廃棄して、「主体的な軍事力」を一方的に強化するなら、中国・韓国をはじめとして、アジア諸国が日本を危険視し、アジア地域の緊張が否応なしに高まるでしょう。日米安保という枠組は、侵略国家であった日本が、戦後、アジア諸国に受け入れてもらうための枠組でもあったわけです。

ここで、集団的安全保障と集団的自衛権はどう違うのか、簡単な整理をさせて下さい。集団的自衛権とは、味方となるグループと仮想敵国のグループをあらかじめ線引きしておいて、味方グループに属する国が、仮想敵国グループに属する国から攻撃を受けたら、一丸となって応戦するというもの。NATO対ワルシャワ条約機構という冷戦期の対立構図がその典型です。これに対して集団的安全保障は、集団的自衛権と違って、あらかじめ敵・味方の線引きをせず、いかなる国であれ、ある国が侵略行為に及んだら、国際社会が一致協力して、その国の侵略行為を抑えるというもの。基本的には国連主導ですが、それだけでなく、欧州とか、南米とか、一定地域内で、敵対可能性を秘めた諸国が域内での紛争を抑止するための協定を結ぶ地域的な集団的安全保障体制もあります。要するに、集団的自衛権体制は、同盟国グループと敵国グループを分断し対峙させることにより、ある一国と他の一国との軍事紛争がグループ間紛争に拡大してしまう危険性をもつのに対し、集団的安全保障体制は、敵味方を包摂して、国際社会または一定地域内における紛争の拡大を抑止することを目的とします。
それで言うと、アジア地域では日本、中国、北朝鮮、韓国、台湾のほかＡＳＥＡＮ諸国などもあって、敵対する、あるいは敵対可能性を秘めた諸国が共存しています。これらの諸国を包摂するアジアの地域的な集団的安全保障体制を構築する青写真は、今のところできていません。こうした中で日米安保体制を一方的に廃止することは、アジア地域を軍事的に不安定化する危険性が高く、賛成できない、ということです。

大澤　なるほど、よく分かりました。

9　「九条削除論」とは何か？

大澤　さて、次に井上さんの主張のもっとも挑発的な部分、つまり「九条削除論」についてお聞きしたいと思います。井上さんは九条を削除した上で、安全保障政策をどうするかについての枠組みは憲法には書き込まず、どのような政策や戦略をとるかは、そのときどきの安全保障環境を見極めながら、民主的な手続きにそって決めていくという構想をお持ちです。しかし、九条をまるごと削除するとすれば、相当思い切った手術になると思うんですね。たとえば、いずれかの臓器にガンが見つかったとして、患部のみ切除するとか移植をするとかでも治療できるのに、その臓器を丸ごと切除したほうがいいと言われているようにも聞こえます。消極的正戦論を前提とし、これに即したかたちで九条を改正し、維持するというのではまずいのでしょうか。

井上　まずはっきりさせたいのですが、九条を削除するからといって、戦力の統制規範を、憲法に書き込んではいけないということではありません。むしろ、逆に、戦力統制規範を憲法に盛り込むことを可能にするためにこそ、九条を削除すべきだと言っているのです。非武装中立か武装中立か、個別的自衛権か集団的安全保障体制か集団的自衛権かといった、基本的な安全保障政策をどうするかは、憲法で凍結してはならない。しかし、戦力を保持するのであれば、どのような安全保障政策をとるにせよ、戦力が濫用されないために、これこれの条件に服すべしという条件付け制約は、憲法で明定しなければならない。戦力の保有は、無差別公平な徴兵制の採用と、厳しい代替役務を伴う良心的兵役拒否権の保障を条件としてのみ許されるという制約は、憲法で明定されるべき条件付け制約のもっとも重要なものです。戦力行使に対する文民統制や、国会の事前承認の要請も、憲法で明定すべきことは当然です。しかし、民主国家において国民が無責任な好戦感情に駆られたり、政府の無責任な好戦的政策を無関心に放置することを抑止するには、文民統制や国会事前承認だけでは不十分で、戦力濫用の「血のコスト」を国民自身に負わせることで、戦力統制に対する国民の責任意識を強化する徴兵制が必要だというのが私の立場です。

ここで強調したいのは、「九条があるから、戦力を縛ることができている」という護憲派の主張はまったくの嘘で、事実は逆だということです。日本国憲法には、戦力統制規範なんて存在しない。たまたま存在しないのではなく、九条によって、日本には戦力が存在しえないことになっているから、戦力統制規範を日本国憲法は規定できないのです。戦力は存在してはならないと憲法が定めている以上、戦力を統制する規範を憲法で設定できるはずがない。今回の安保法制で国会の事前承認が原則だが例外の余地もあるということが論議されましたが、根本的な問題は、国会の事前承認の在り方すら憲法に明定できず、通常の立法過程に委ねられていることです。九条があるために、憲法は最小限の戦力統制規範すら含みえず、自衛隊・安保という日本の戦力体制は憲法の外で肥大化せざるをえない。この逆説を護憲派は自覚できているのでしょうか。

ついでに言えば、文民統制ですら、日本国憲法には出てきません。憲法六六条二項は、「内閣総理大臣その他の国務大臣は、文民でなければならない」と定めています。これを根拠に、日本国憲法は軍隊の存在を認めていると主張する者もいますが、九条二項が戦力放棄と交戦権不行使を明定しているわけですから、この「文民条項」は言わずもがなのことを念のため確認したものか、廃止された旧日本軍の軍人指導者が内閣構成員になることを排除したものと解するしかないでしょう。いずれにせよ、この文民条項ですら、文民統制規範ではありません。戦力行使の指揮命令は首相の専権に属する、あるいは閣議決定によるなんてことは、一言も書かれていない。なぜなら憲法上、戦力は存在しないことになっているから、そんなことさえ規定できない。日本国憲法は九条によって、戦力統制規範を全く含み得ないため、自衛隊という軍事組織と日米安保という軍事同盟が憲法の外で肥大化するという、本当に危ない状態を招来しているのです。

大澤　一つお聞きしたいのですが、「日本国民は、自国を防衛する場合に限って、戦力を行使する」といった趣旨の文言を憲法に書き込む必要はないのでしょうか。

井上　それは「新九条論」の立場ですね。私は、絶対平和主義にもとづく非武装中立を憲法で定めるのには反対ですが、通常の民主的立法過程で日本国民が自衛隊・安保を廃棄し非武装中立を選ぶ可能性は残すべきだと考えていますから、非武装中立の選択可能性を憲法上排除して、専守防衛政策を憲法で凍結することには反対です。

大澤　ということは、戦力を保持する場合でも、非武装中立で行く場合でも、憲法上、どちらでも対応できるようにしておき、もし戦力を保持するのであればその条件はこれこれだと書き込んでおくわけですね。

井上　そうです。私の言う「条件付け制約」には二つの意味があります。一つは、戦力放棄も可能だが、もし戦力保持を選択するならという条件設定の意味での条件付けです。もう一つは、戦力を保持する場合には、文民統制、国会事前承認、徴兵制と良心的兵役拒否権保障などの条件に服すべしという条件付けです。

大澤　消極的正戦論を国民が選択した場合、消極的正戦論の枠組みを規定する条項を憲法の中に入れ、戦力はその枠内で行使すると書き込んだ上で、戦力に関する条件を付すという手もあり得ると思うのですが、これはまずいでしょうか？

井上　侵略戦争禁止は、特定の安全保障政策というより、どの安全保障政策をとるかにかかわらず、また自国憲法がどう定めるかにかかわらず、すべての国家が拘束される現在の実定国際法の強行法規です。「平和を愛する諸国民の公正と信義に信頼して、われらの安全と生存を保持しようと決意した」という日本国憲法前文と、「日本国が締結した条約及び確立された国際法規は、これを誠実に遵守することを必要とする」という九八条二項は、これを承認するという含意があります。これらの前文・条文が仮になくても、国際法上、侵略戦争禁止原則に日本は拘束されます。しかし、侵略戦争を抑止するための安全保障政策として、非武装中立、武装中立、個別的自衛権、集団的自衛権、集団的安全保障体制等のどれを採用するかについては、侵略戦争禁止原則を受容したとしても見解が対立しうる。憲法前文や九八条二項はこのような政策選択についてはオープンにしているので、これらを削除ないし改正する必要はありません。しかし、国際法上当然というべき憲法のかかる抽象的宣言を超えて、いま触れた特定の安全保障政策のどれかを憲法で凍結すべきではない。この政策選択は、通常の民主的政治過程での絶えざる討議・決定・修正に委ねられるべきです。立憲主義と法の支配の観点からして、安全保障政策は憲法事項ではないというのが原理的根拠ですが、それだけではありません。安全保障政策を憲法で凍結すると、憲法解釈に議論が振り回され、あるべき安全保障政策についての実質的な政策的論議が棚上げされてしまう。さらには、解釈改憲が横行するようになって、憲法が死文化してしまう。これらの悪弊を除去したいという考慮もあります。

大澤　まさに今、起きていることですね。

井上　九条削除論を「過激」で、すぐには受け入れられないと日本国民が思うなら、次善の戦略として、専守防衛はＯＫだと明記する改憲、いわゆる護憲的改憲があります。三善の策としては、集団的自衛権支持勢力が衆参とも三分の二以上の議席を獲得して集団的自衛権行使を明認する改憲案を発議し、国民投票で、国民の審判を仰ぐことです。護憲派も国民投票で否決させることができれば、集団的自衛権行使は違憲という自己の主張に対し、憲法的正統性を調達できるでしょう。

最悪なのが、解釈改憲の積み重ねによって、九条が死文化していくことです。今度の参院選で護憲派が、自公政権の議席が三分の二以上にならないよう運動をした結果、目論見どおりになれば、安倍政権は、正規の改憲プロセスの発動を断念するかもしれない。その場合、護憲派は、九条だけは守れたと満足するかもしれませんが、これは最悪です。九条は完全に死に体ですよ。集団的自衛権行使解禁は、すでに解釈改憲で押し通した安保法制により既成事実化されてしまっているわけですから。

丸山眞男は、日本共産党の指導者が戦前の弾圧下での不転向という倫理的潔癖性を掲げて、愚かな戦争を止めさせられなかった自己の政治的無力性に対する自己批判を棚上げにしている姿勢を批判する文脈で、日清戦争戦死者の木口小平の武勇伝として語られた「死んでもラッパを放しませんでした」という表現を揶揄的に使っています。それに倣えば、正規の改憲手続により国民の審判を仰ぐ機会をつぶした護憲派は、憲法外の存在としての自衛隊と安保がどんどん肥大化していっても、「死んでも九条だけは残しました」と自己満足に浸っているだけだと批判されてもしかたがないのではないでしょうか。

10　九条と日本人

大澤　その可能性は確かにあるわけですが、「たとえ死んでも九条だけは手放したくない」

ということにも、それなりの理由があるような気がするんですね。九条の存在は、日本人としての最低限のアイデンティティ、最小限の自尊心を保つ上で、それなりに意味があったのではないでしょうか。

考えてみると、九条がなければ、いまの日本人に誇れるものは皆無といってもいいほどです。もちろん、九条の維持の仕方には、井上さんも言われたような欺瞞がある。軍隊をもたないと言いながら、自衛隊をもち、さらに世界最強の外国の軍隊によっても守られている。唯一の被爆国で、核兵器には反対だと言っておきながら、アメリカの「核の傘」に守られてきたという事実も否定できません。

日本人の多くは、そのことに後ろめたさを感じているはずです。そのことが重要だと思います。なぜ後ろめたいかというと、他方で、九条に象徴される価値観を、とてもよいもので、守るべきだと思っているからです。ですから、「あなたの行動はそれに反している」と指摘されると、ひどく恥ずかしいわけです。九条の価値観に照らせば、現実の自分は、それとは正反対の存在となっている。欺瞞に満ちたそういう自分を直視するのは、つらい。それは、九条が体現する価値観をすばらしいと思っているからです。その結果として、自らの欺瞞に不感症になっているのではないでしょうか。一種の防衛反応が起きているわけです。井上さんが指摘するまで、あるいは指摘してさえも、あからさまな欺瞞を自覚できないのは、そのためではないでしょうか。

ですから、九条を完全に削除してしまうと、開き直りが生じて、一気に核武装へ進んでしまうような気がしてなりません。

敗戦を経験して、九条に象徴される価値観を何とか守らなくてはならない、と思った。しかし、自らの弱さのために、そして幼稚さのために守りきれなかった。だとすれば、敗戦後ずっと「何とか守りたい」と思ってきたその部分を残して、そちらへ日本人を純化させていくために、九条はあったほうがいいのではないか。私がこんなふうに疑問を出すのは、敗戦後七〇年もたち、大半の人が戦後生まれになっているにもかかわらず、日本人は、敗戦の歴史的トラウマから立ち直っていないからです。「九条」は敗戦の教訓の中核で、もしそれを放棄してしまうと、日本人は永遠に敗戦のトラウマから立ち直ることができなくなってしまうのではないでしょうか。私にはそういう感触があるのですが、この辺りについては、いかがでしょうか。

井上　それはどうでしょう。いくら力を込めて、「九条があったから、戦後日本は平和国家になった」と言っても、それが真っ赤な嘘だということは既に示しました。非核三原則を守ってきたといっても、アメリカの「核の傘」に守られてのことですし、第二次大戦の戦禍のまだ癒えぬ朝鮮半島の人々を再び悲惨な戦乱で苦しめた朝鮮戦争で、日本だけは戦争特需で敗戦後の荒廃から経済復興ができた。その後も、ベトナム戦争、イラク侵攻など、在日米軍基地から、他国の侵略・侵攻のため、米国の空母が出航し、米軍機が飛び立っていく。他国民を苦しめる戦争で経済的に大儲けして自分たちの経済的復興を喜び、他国を侵略する米国の度々の戦争に加担してきた日本国民に、「敗戦の歴史的トラウマ」など本当にあったのでしょうか。

また、仮にそんなトラウマがあったとしても、そこから日本国民が立ち直れたのは九条のおかげだなんて到底言えないでしょう。九条信仰は、日本人を、九条と矛盾する自衛隊・安保の現実を隠蔽する欺瞞、その欺瞞の尻拭いを自衛隊員・沖縄にさせている現実をもさらに隠蔽する欺瞞に耽らせてきただけです。「九条を守る平和国家日本」という真っ赤な嘘に戦後日本人が支配されているのは、「大本営発表」の真っ赤な嘘に戦中の日本人が支配されていたのとどこも変わらない。九条信仰は、「敗戦のトラウマ」から日本人を立ち直らせるどころか、「軍国主義の欺瞞」を、それと構造的に同型の「平和主義の欺瞞」に焼き直して再生産しています。

九条信仰に浸っている日本人のナルシズムは、外から見るなら、恥ずかしいとしか言いようのないもので、世界に誇れる国民的自尊の基盤などには到底なりえません。私が外国人だとしたら、日本人にこんな質問をしますよ。米国の侵略戦争に加担してきた国民が、「九条にノーベル平和賞を」などとよくも図々しく言えますね。こんなにも日本人は九条を自慢しているのに、世界有数の武装組織たる自衛隊を保有するばかりか、海外にも派兵し、さらにはジブチに自衛隊基地までもち、集団的自衛権行使を解禁した安倍政権を多数の有権者が支持しているのは、一体どういうわけですか。あなた方は憲法を守ることができない国民なんですか。唯一の被爆国として非核三原則を守っていますと自慢しながら、米国の核の傘に守ってもらっている恩義から、国連の核不使用宣言への賛同を当初はためらい、留保をいろいろつけていかにも不承不承に賛同したのは、恥ずかしくないんですか。

敗戦のトラウマから本当の意味で日本人が立ち直るには、自分たちの手で立憲民主主義を作り上げる経験を重ねていくしかありません。そのためにも、九条を削除するか、次善の策として、護憲的改憲を実現する。それしかないと思うんです。

大澤　おっしゃることはよく分かります。ただ、実際には九条削除も、この本に登場する加藤典洋さんが主張するような左折改憲も、そう簡単には実現しそうにありません。本音をいえば、私らがこの本で主張したこと、訴えたことが、すぐに結果に結びつかなくても、この問題について考えたということが、とても重要だと思うんですね。

もしかすると、今夏の参院選は、私らの望まないような結果になるかもしれませんが、その過程で、たとえば九条削除論というものがあって、それがどういう根拠で主張されたのかを、私らは学習することができる。そのことがとても大きいと思うんです。私自身の考えも、井上さんの考えも、現実政治のリアリズムには載らないかもしれないのですが、だからといって、黙っていればいいとは全く思わなくて、むしろ、敗北による学習のためにこうして議論をしているという気がしてなりません。

井上　まさにそれが重要だと思う。

冷戦構造が崩壊したときに、関曠野《せきひろの》[9]は『左翼の滅び方について』というブックレットで、日本の左翼は徹底的に自らの誤りを認めて、そこから再生なり自己変革なりを図らなくてはならないのに、きちんと滅びておらず、それでは首の皮一枚で延命した天皇制と何も変わらないという、激烈な批判を展開しています。護憲派も、これまで指摘したような欺瞞に陥っていて、自らの過ちを潔く認めようとしていません。

これは今井一さんが教えてくれたことですが、「九条の会」の発起人でもある鶴見俊輔は、憲法に関して、こんな話をしています。「憲法改正に関する国民投票を恐れてはいけない」、「護憲派が四対六で負けるかもしれない。それでも四は残る。そう簡単に踏みつぶせません」（「朝日新聞」一九九八年二月四日付夕刊）と。民主主義とは知識人に教えてもらうものでは

9——関曠野（1944－）思想史家。『プラトンと資本主義』『民族とは何か』『フクシマ以後——エネルギー・通貨・主権』などの著作がある。

なく、国民が自らの実践を通じて発展させていくものだと分かっていたわけです。
ところが、護憲派の知識人の中には、国民をばかにして、国民に任せていたらロクなことにならないと言ってのける人たちがいる。そんな愚民観をもつ知識人にしても、愚かな存在にほかならない。ですから、戦後民主主義が大事だと思っているのなら、憲法価値をめぐる争いは、憲法の定める改憲手続に従って、国民投票で国民の裁断に委ねなければならない。護憲派が敗北したとしても、その敗北から、新たな創憲政治での再生の方途を学習しなければなりません。国民投票で裁断した国民も、その裁断がひどい帰結を招いたとしたら、その失敗から学び成長しなければなりません。自らの愚かな振る舞いから、手ひどい失敗から学ぶために民主主義はあるといってもいい。我ら愚者の民主主義。それこそが、私たちの（再）出発点だと思うんです。

大澤　最後、井上さんの最も魅力的な標語「我ら愚者の民主主義」に到達しました。最も基本的な正義の概念から始まって、具体的な九条の扱いまで、実に深くスリリングな話を聞かせていただきました。ありがとうございました。

第四章

「こうしよう」と言える日本

憲法九条と積極的中立主義

――大澤真幸

私の九条改正案

ここで私は次のことを提案する。

憲法九条については、それを文字通り受け取り、遵守すること。つまり、絶対平和主義である。これは、不当な侵略に対しては、武器をもたない抵抗、徹底した非暴力抵抗を試みる厳しい思想だ。絶対平和主義が、決して日本を危険な状態にしないということ、つまり軍隊をもつ場合と比べて危険を大きくするものではないことを説明しよう。

その上で、二つのことを提案する。

第一に、九条に第三項として、積極的中立主義を盛り込む。積極的中立とは、対立する陣営の双方を非軍事的に支援するタイプの中立である。この立場が、日本の安全をより確実なものにする。

第二に、国連に、紛争解決のための独特の方式を提案し、国連改革に貢献すること。これは、「こうしよう」と言える日本への大きな一歩になる。

ここで僕は、最終的には二つのことを提案したいと思います。一つは憲法九条に、ある内容を追加するということです。もう一つは、世界各地で生じた紛争をどう解決させるかの基本フォーマットについての提案で、日本は国連での活動を媒介にして、これを実質のあるものにすべく行動したらよい、ということを少し詳しく話すことになります。

ただ、いきなりこれらの話をすると、なぜそれらの提案がよいのかわかってもらえません。そこで、どうしてそうした提案が出てきたかの理由が分かるように、まずはその土台となる思想的・哲学的なところから話をしなければなりません。

1　絶対平和主義としての九条

しかし、さらにその前に話しておきたいことがあります。九条について、付け加える部分については後で話すとして、現状の二項については文字通り受け止めるべきだと考えています。ほんとうは九条の条文は、そんなに難しくありません。井上達夫さんも指摘しているように、普通にすなおに読めば、中学生でも分かる内容です。ところが、普通でないことをそこに読み込もうとするから、ひじょうに複雑な解釈が必要とされてしまうのです。たとえば、個別的自衛権までは認められているのかとか、集団的自衛権ならどうかとか、自衛隊は憲法違反ではないとか、いろいろ言われてきたわけですが、そうしたことについての含意はアクロバティックな解釈からしか得られません。中学三年生ぐらいの読解力でもってこの条文を読んで理解できることこそ、九条が言おうとしていることなのですね。戦争を放棄し、軍隊をもたない、と。そうすると、これは、要するに絶対平和主義です。

九条を絶対平和主義であると解釈し、遵守すべきだと言うと、こんなふうに勘違いする人がいるかもしれません。万が一、侵略されたなら、無抵抗で、降伏すればいいということなのか、と。しかし、それはとんでもない誤解です。絶対平和主義とは、そういう考え方ではありません。不当な侵略を受けた場合、侵略者に対して、武器をもたずに徹底抗戦をする。武器をもたない暴力を行使するという、ガンディー主義です。

武器をもたない抵抗・暴力など効果がない、と思われるかもしれませんが、そんなことはありません。侵略者が日本に侵略するのは、日本人を全滅させるためではなく、日本列島を支配し、利益を得るためです。侵略者は日本を統治しなくてはならない。それには、日本人の協力が必要になる。武器をもたない抵抗・暴力の中のひとつは、徹底したサボタージュやゼネストです。そうなると、侵略者が日本を統治するコストは、あまりに大きくなり、結局、侵略は割があわないものになります。

もうひとつ重要なことは、侵略者は重い道義的コストを支払わなくてはならなくなる、ということも考慮しないといけません。現代社会では、あからさまな侵略は、国際的な非難をあび、さまざまな制裁を受けます。イラクがクウェートを侵略したときのように、です。そんなことは侵略者もわかっているわけですから、相手が武器をもっていないからといって、気楽に侵略できるわけではない。ただし、敵に道義的コストがかかるのは、被侵略者の側が、つまり日本が、絶対にその侵略を受け入れないということを態度で示している限り、つまり武器をもたない抵抗を続けている限りでのことです。日本人が侵略を受け入れてしまえば、その侵略は悪くないことになってしまいます。しかし、日本人が抵抗するならば、侵略者は道義的コストも支払わなくてはなりません。

ですから、絶対平和主義が前提にしている、侵略に対する、武器をもたない抵抗と暴力は、効果があるのです。九条を文字通り受け止めるということは、そういうことです。ですから、その覚悟がなくてはいけません。それはたいへん厳しいことです。万が一、不当な侵略があったら降参して、奴隷的な国になればいいというのは駄目なんですね。

2　徴兵制を受け入れるか

こうした観点から九条を見てみると、二つのことを変えなくてはいけなくなります。一つは自衛隊で、もう一つは日米安保条約です。それらがあることで、九条に無理が生じている。「解釈改憲」が必要になってしまう。この二つは、九条の精神に反するにもかかわらず、必要だということになっています。こうした解釈のし方は、井上達夫さんが言うように、欺瞞的なものです。

私の提案は、「自衛隊」という名の軍隊はもたない、ということになります。後で、自衛隊をどう発展的に改組するかについて述べますし、またその改組が侵略に対する防衛策にもなっているということを話しますが、まず、自衛隊は軍隊ではないという主張について言えば、国際的には通用しませんし、そもそも九条を裏切るものです。そこで、武器をもたない抵抗という話になり、それには相応の効果があると話してきたわけですが、それでも、自衛隊なしだと、丸腰になってしまうので、あまりにそれは危険ではないか、と思われるかもしれません。自衛隊をしっかり保持して、専守防衛に徹するほうが、武器があるぶん、はるかに安全だと。しかし、そんなことはありません。

たとえばアメリカは、よく知られているように銃社会です。銃をもつことで、自分の身の安全を図ろうとしている。それに対して、僕らは銃をもっていません。かなりの数のアメリカ人は、銃をもっていないと不安になる。しかし、僕たちは銃がなくても、不安を感じたりはしません。よく考えてみると、銃があれば安全と言えるかどうか、疑問です。むしろ、銃をもっていたから危険な目に遭うことのほうが多いのではないでしょうか。ですから、有効な武器をもっていないということが、必ずしも危険につながるとは限らないわけです。

百歩譲って、こちらが武器や軍隊をもっていれば、敵の侵略の意図をくじき、戦争の抑止効果がある、ということを認めるとしても、そのような効果があるのは、敵とこちらの戦略が拮抗しているときに限られます。相手よりはるかに弱い軍事力ならば、持っていても抑止効果はない。ということは、現代社会では、少なくとも核兵器をもっていなければ、意味がない、ということになる。では、日本は核武装すべきなのか。私は反対です。ならば、軍隊をもたない方がよい、ということになる。

さらに、次のことを付け加えておきます。自衛隊であれ国防軍であれ、もし軍隊的なものをもつとすれば、徴兵制である必要があると、私は思います。少なくとも、徴兵制になるなら、それでもいいのだ、喜んで受け入れましょうという人だけが、軍隊をもつことに賛成すべきです。徴兵制には反対だが、軍隊は必要だという場合、自分は戦場に行く気はないが、他の人が戦争をしてくれて、日本を守ってくれ、と言っていることになります。つまり、他人がつくった安全や平和にただ乗りしたいと言っているのと等しくなる。ですから、軍隊があったほうがいいと言うのであれば、有事の際には国を守るために自らも戦いに参加すると言うのでなければ、筋が通らないと思うのです。少なくとも、徴兵制でもよいという前提があって、軍隊をもつことに賛成しなければなりません。

志願兵制の軍隊をもつとどういうことになるかというと、たいての人は戦場に行きたくはありませんから、結局、他によい仕事を得られなかった恵まれない人、格差社会のボトムにいる人が軍人になるのです。そうすると、その国で最も恵まれていない人たちが作った平和に、他の人たちがただ乗りする、ということになる。これはとんでもないことではありませんか。

集団的自衛権が問題とされたとき、徴兵制に関心が集まりました。集団的自衛権に賛成する人たちの中には、いまさら徴兵制を導入するわけがないと主張する人もいました。しかし、いまでも韓国には徴兵制がありますし、ドイツも二〇一一年まで徴兵制があった。ただドイツの場合、東西ドイツに統一される前の西ドイツの徴兵制が、冷戦終結後もしばらく残っていたという事情があるわけですが。いずれにしても、徴兵制は時代遅れでも何でもないということは言っておきたいと思います。日本でもし、集団的自衛権を行使しつつ戦争をすることになって、志願兵が足りなくなれば、徴兵制もしくはそれに近い制度が導入されるということは十分あり得ると考えたほうがいいでしょう。

百歩譲って、いまや戦争は先端テクノロジーを中心とするものなので、人手は足りているということであっても、私が言いたいことの基本はむしろ考え方の問題です。軍隊をもつのであれば、「志願兵が足りない場合には徴兵されてもいい」という前提がクリアーされるべきです。アメリカではベトナム戦争が泥沼化し、若い兵士が不足してきたときに、それまで緩やかだった徴兵制が強化されています。そのため、それ以前は戦争に行く可能性がほとんどなかった中産階級の若者も戦争に行かなくてはならなくなった。するとどうなったかというと、ご存知のように、激しい反戦運動が起きたのです。人は、自分が戦争に行かない限りで戦争に賛成する傾向があります。これはやはりよくない。ですから、もし軍隊をもつのであれば、徴兵制であるべきです。

そう考えると、整理すれば、選択肢は二つです。ひとつは、絶対平和主義で、いざとなったら武器をもたない抵抗をするか、もう一つは、徴兵制を前提として軍隊をもつというものです。つまり、万が一、不当な侵略があった場合、非暴力抵抗をするか、あるいは暴力抵抗をするか、どちらかです。

暴力抵抗の方が安全かといえば、それは微妙なのです。先ほど述べたように、軍事力というのは、他国のそれと比較して、完全に均衡していれば抑止力になり得ますが、相手のほうがはるかに勝っていればその効果はない。いくら武器があっても、相手の軍事力が勝っていれば、打ち負かすことができないどころか、自分が死んでしまうかもしれない。仮にこちらの軍事力の方が勝っていたとしても、武器を手にして、敵を殺す側に回ることが楽しいわけではありません。殺されるかもしれないということも恐怖ですが、人を殺すことの精神的なダメージははかりしれない。もちろん現実には、テクノロジーが発達することで、遠隔操作で相手を攻撃できるようになっています。しかし、いざ地上戦になったら、眼前の敵を殺さなくてはならなくなる。そうした時に、いくら武器の使い方を教えてもらっていても、目の前の敵をそう簡単には撃てないと思うんですね。

ですから、人を殺すための軍隊に徴兵制でもって入隊することには相当な覚悟がいります。そんな軍隊をもつのであれば、絶対平和主義でいったほうがよいではありませんか。もちろん、それだけでは不安だと思われることでしょう。この点についてはさらに考えがありますので、後で改めてお話をしたいと思います。

3 「血の同盟」はあるのか

もう一つ言っておきたいのは、日米問題についてです。日本の安全保障は日米安保条約によって担保されているとされます。実際には日米安保条約と九条は車の両輪です。しかし、この条約によって九条の精神は骨抜きにされている。日本としては軍隊をもたないが、世界で一番強い軍隊（アメリカの軍隊）が日本の代わりに戦争をしてくれる、というわけです。これはとんでもない構図です。ですから、この日米同盟は、いずれ廃棄することを考えなくてはなりません。在日米軍基地をどのようになくすかについては、加藤典洋さんの提案につけ加えることはあまりありません。

ともあれ、憲法もこれまで七〇年間、使い続けてきたわけですから、改憲をする場合、少なくとも五〇年のタイムスパンで考えなくてはいけないと思うんですね。五〇年というスパンで考えた場合、アメリカのほうから日米安保条約を廃棄したいと言ってくる可能性も低くはありません。僕らはよく、集団的自衛権が行使できるようになって、アメリカの戦争に巻き込まれるのが心配だと言いますが、アメリカからすれば事態はむしろ逆です。春名幹男さんの『仮面の日米同盟』（文春新書）によれば、アメリカでは今、日本の戦争に巻き込まれることへの警戒感が強まっているそうです。たとえば、尖閣諸島をめぐって紛争が生じたとき、アメリカ軍はそれに巻き込まれるのを恐れている（そして、春名さんは、秘密の外交の経緯をも明かしながら、尖閣をめぐって紛争があっても、アメリカ軍は動かないだろうということを説得的に論じてもいます)。

日本の政治家とたいていの日本人は、アメリカが日本を守ってくれると信じ込んでいます。集団的自衛権の行使容認に際しても、推進派のほうは、日本の防衛のためにアメリカの若者は血を流してくれるのだから、日本が何もしないわけにはいかない、それが〝血の同盟〟だと言っていたわけです。しかし，本当にアメリカは日本を守ってくれるのかというのが、『仮面の日米同盟』のテーマなんですね。

この本を丁寧に紹介する余裕はありませんが、日米安保条約には、日本が統治する区域が攻撃を受けたときには日米で防衛することが記されています。しかし、そうした際の自衛隊と米軍の役割分担についてはきちんと書かれておらず、それを明確にする目的で、ガイドラインという政府間文書が作成されたわけです。これまで一九七八年、九七年、二〇一五年と第三版まで策定されていて、春名さんによると、英文で三つのガイドラインを厳密に読み比べてみると、「日本を守る米軍の態勢は大きく後退」しているんですね。

たとえば二〇一五年版で「共同作戦」と訳出されている箇所は、英文では bilateral operations となっていて、逐語訳をすればこれは「両国の作戦」となる。それに対して一九七八年版で、これに該当する箇所は jointly conduct...operations となっています。つまり、そこでは自衛隊とアメリカ軍が一緒になって作戦を行うことになっているわけです。こう比べると、二〇一五年版のガイドラインは一九七八年版よりも圧倒的に後退している。「後退」を示す表現はほかにもありますが、省略します。

驚きなのは、専門家からすれば、そもそも「在日米軍は、日本防衛のための直接戦闘を行う能力を持たない」ということです。つまり、在日米軍基地というのは、韓国、台湾、東南アジアで何かあった時に出動するための「兵站」なんですね。在日米軍基地は、兵器の修理・整備をしたり、燃料を補給したりするために存在しているわけです。ですから、アメリカが日本を守ってくれるというのは、半分以上、神話であると思ったほうがいい。

外務省や防衛省の高官も、そうしたことを知っているはずですが、知らないふりをしてきたんですね。ならば政治家はどうか。春名さんによれば、「誰も知らない」。いずれにしても、滅多なことでは米軍は日本を守ってくれないわけですから、自分で守らなくてはならなくなります。

ただ、専門家でなくても、少し考えれば、アメリカが命がけで日本を守ってくれる可能性は低いということが分かるのではないでしょうか。日本はアメリカと約三年半にわたって戦争をして、負けたわけですが、それがきっかけで、アメリカが日本を永遠に守るということは、とても考えられないことです。しかも、高度経済成長を遂げた日本は、世界でも有数の経済大国になって久しいわけです。アメリカ側から見れば、そんな国を、アメリカが命がけで守ってやる理由など、どう考えてもありません。にもかかわらず、多くの日本人は、いざとなれば、アメリカが日本を助けてくれると思い込んでいる。

どうしてそこまでアメリカの好意を信じられるのか、不思議です。別の言い方をするなら、日本に対するアメリカのパターナリスティックな関わり方を、日本人が喜んで受け入れてしまうという状況が、なにより問題です。敗戦から七〇年も経っているわけですから、日本人としての主体性や自尊心を取り戻すべきでしょう。

先ほど述べたように、日米安保条約は、不当な侵略から日本を守る上でほとんど役に立たない可能性が高いのに、まるでお守りのように、困ったことがあれば必ず助けてくれると思っている日本人の心の持ち方に問題があります。これらのことを総合して考えれば、それほど遠くない未来において、日米安保体制から脱却する道を考えていくしかありません。それができなければ、白井聡さんが『永続敗戦論』（太田出版）で鋭く指摘した「永続敗戦」状況――敗戦から今に至るまで続いてきたそれ――が、この先もずっと続いていってしまう。ですから僕は、この状況から抜け出さなくてはならないと考えています。

はじめに言っておきたかったのは、以上のことなんですね。

4　平和と正義

さて、それでは、あとの提案の哲学的な基礎を話しましょう。

まず考えてみたいのは、日本は九条があるおかげで戦争に巻き込まれずに済んでいると言う護憲派と呼ばれる人たちの、その平均的な感覚についてです。この感覚を一言でいってしまえば、「喧嘩はいけない」というものではないでしょうか。もっと言えば、正義よりも平和が大事だという思想です。もちろん、そういう考え方は昔からありました。いちばん有名なのが、キケロでしょう。キケロはこう言っています。「もっとも正しい戦争よりも、もっとも不正な平和を選ぶ」と。おそらく護憲派の多くの人たちが、そういう感覚を持っている。

法哲学において、そういう立場を代表しているのが、「諦観的平和主義」（長尾龍一）です。要は、紛争が勃発したときには、それに巻き込まれないよう、終わるまで傍で見ているということです。その特徴は、特定の正義にコミットしないという点にあります。諦観的平和主義の観点からすれば、「正義」こそむしろ戦争の原因です。正義を掲げ、正義に執着する人間こそが戦争を始めるのであり、戦争当事者同士にはそれぞれの「正義」がある。自分としてはそのどちらにもコミットせず、争いが収まるまで、どちらとも仲良くせずにいようというのが、諦観的平和主義であると言ってもいいでしょう。

九条・護憲派の平均的な感覚はこれに近いと思います。あとで再論しますが、諦観的平和主義は、ポストモダンな思想にマッチしやすいところがある。誰もが受け入れる普遍的な正義など、そもそも存在しておらず、それぞれの人、共同体、集団がもっている特殊な価値観――それぞれにとっての「正義」についての見解――があるだけという、わりとポストモダンな感覚にマッチするわけです。その意味で、諦観的平和主義は、思いのほか現代的な考え方で、しかもそれは護憲派の平均的な感覚でもあるわけです。

しかし、この考えには、井上達夫さんが指摘するように、問題があります。諦観的平和主義では、他国でどれほどひどい人権侵害が行われていようと、決着がつくまで傍観するほかない、ということになるわけですから。いや、争いごとを好まない平均的な人間であれば、たいていそうするのではないか、と思われるかもしれません。しかし、誰もがそういう態度をとったなら、皆が諦観的平和主義者だったとしたら、一体どうなるでしょうか。力のある人が、その力を用いて自分に有利な状況を作ってしまうと、どれほど酷いことがそこで行われようと、誰も文句も言わず、黙って見ている、ということになってしまう。つまり、支配的な状況をつくった人が得をすることになるのです。諦観的平和主義が一般化したこの世界では、力の支配や暴力をむしろ誘発することになります。ですから、九条があるおかげで平和でいられると言って、誰もが諦観的平和主義を採用する場合、むしろ戦争の危険性が高まってしまうという逆説があるわけです。「喧嘩はいけない」とか「正義より平和」と唱えた諦観的平和主義が、喧嘩や武力行使が起こりやすい世界をつくる、というわけです。

それだけではありません。諦観的平和主義と相対主義はひじょうに相性がいいという話をしましたが、この二つがセットになると、逆に価値の絶対化が生じてしまうのです。

どういうことかというと、Aという人がいたとします。Bからすれば、Aのしていることはとても変で、不正に見えるのですが、「私にとってはそれが正義だ」、とAに言われてしまう。そうなると、他者は文句が言えなくなるわけです。このようにして、相対主義こそが、各人の価値判断の独断的な絶対化を許してしまう。だれもが相対主義の立場から諦観的平和主義者になってしまうと、一人ひとりの価値観が絶対化されるということが生じるわけです。

とすれば、諦観的平和主義の立場にたって、正義よりも平和のほうが大事だし、そもそも戦争の原因は正義にあるのだから、正義のことは忘れましょうと言っているだけでは駄目で、それぞれの趣味とか信念、信仰を超えた普遍的な、あるいは客観的な正義が存在しているという想定が、どうしても必要になります。そういう想定が九条とセットになったとき、九条ははじめて本当の意味での平和の思想になるのです。

5　コミュニタリアンと多文化主義

しかし正直に言いますと、じつは僕は、普遍的な正義というものが、疑う余地もなく確かに存在しているとは信じていないところがあります。こうした感覚をもっているのは、おそらく僕だけではないはずです。考えてみれば、二〇世紀というのはそういう時代でした。とくに二〇世紀の後半は、誰もが納得し得る普遍的な正義というものは存在しないのではないか、ということを人類が学び始めてしまった時代ではないかと思うんですね。

もう少し説明しますと、第一次世界大戦が始まった時には、国益を追求する手段としての戦争は正当だと見なされていたわけですが、近代兵器を使った総力戦となり、無数の兵士が戦場で死んでいく中で、そうした戦争観やその前提となっていた世界観が崩れていく。ともかく、第一次世界大戦が始まるまでは、戦争と正義は独立のことだった。ところが第二次世界大戦のときは、正義と悪の戦いという構成で捉えられていた。つまり正戦論です。そして、正義が勝利した、と解釈された。東西冷戦でアメリカとソ連がにらみ合っていた時には、自分こそ普遍的な妥当性があると主張しあっている二つの正義が戦っているように見えた。

けれども、やがて、絶対的な正義というものが少しずつ信じられなくなっていく。二〇世紀末にソ連を中心とする東側の体制が崩壊し、リベラルデモクラシーが勝利を収めたわけですが、しかしその勝利は、一つの正義に執着しなかったからではないか。このように受け取られたのです。普遍的な正義など、もはや存在していないのではないか。そういう直観を、多くの人が抱くようになったというのが、二〇世紀後半の経験だったのではないでしょうか。

いま、正義について考えるためには、こうしたマクロ的な状況を視野に入れておかなくてはなりません。

少しだけ勉強的なことを言っておくと、こうした時代精神から生まれてきた、政治哲学の流れの一つがコミュニタリアンで、もう一つが多文化主義です。いずれも、こんにちの政治哲学の主流をなす考え方だと言ってよいでしょう。

コミュニタリアンというのは、それぞれの共同体がもっている善の観念――その共同体に属する人にとって、とてもよい感じがするという、伝統にもとづく一種の趣味のようなもの――にしたがって、我々は行動しているのであって、普遍的な正義など存在しないという考え方のことです。

多文化主義の考え方も、ある意味で、これと同じです。それぞれの人、それぞれの共同体に善の観念があり、それぞれに正義の構想があることを認めているわけですね。すべての善の観念、正義の構想が相対的に位置づけられるという点でのみ、普遍的なのです。そして、どちらかと言えば多文化主義は左派系と見られていて、コミュニタリアンは右派的だと思われています。

政治哲学の中で、この二つの潮流は、対立する関係にあると捉えられているのですが、今みたように、ほぼ同じです。同じ事態を、個々の共同体の立場から言えばコミュニタリアンであり、共同体の併存する全体を捉えれば多文化主義になる。

6 難民問題のディレンマ

いま僕は哲学のお勉強のような話をしていますが、じつは現代的な問題と深く結びついています。毎日のようにニュースで報じられている、ヨーロッパの難民問題がそれです。ご存知のように、ヨーロッパでは今、難民の対応をめぐって揺れています。

多文化主義の立場にたてば、いろいろな文化的出自をもつ人がやって来て、それぞれの仕方で暮らすことをよしとしますから、難民を受け入れなくてはならないことになります。一方、コミュニタリアンからすれば、それぞれの共同体がそれぞれの伝統の中で培ってきた習俗や善の観念、よきもののアイディアがあって、それが他の人に侵されることに対して、共同体の権利として拒否していい、という感覚があります。ですからコミュニタリアンは、難民の流入を脅威に感じて、それは受け入れられないという態度を取ることにも理解がある。

しかし、この二つの思潮は究極的には同じです。どうしてかというと、多文化主義において、それぞれの共同体のそれぞれの善の観念や正義の構想は、すべて相対的なものでしかなく、言ってみれば趣味ですから、それぞれの文化・伝統を尊重しましょう、ということになるわけです。よく言えばそれは、それぞれの文化的な差異を尊重しているということですが、言い方を換えればそれは、それぞれの文化的な差異は克服できないということです。ですから、多文化主義に基づく政策をきっちり実現するとすれば、それぞれの価値観をもっている人たちが、それぞれ閉鎖的な共同体をつくって、それぞれの間に、ほどよい距離を保ち続けるようにする、ということになるのではないでしょうか。とすれば、結果として、コミュニタリアンが理想とするところと、変わらなくなるわけです。

このように、共同体同士が距離を保っている状態を、お互いの差異を尊重している状態だと言えば、多文化主義的に聞こえます。しかし、何らかの理由でその距離が保てなくなり、自らが属する共同体にとって危険な状態になれば、それはコミュニタリアン的な態度にすぐに転じます。つまり、文化の間の乗り越えられない差異をポジティブに言うか、ネガティブに言うかの違いでしかないわけです。

知られているように、ヨーロッパは多文化主義的な価値観をもっています。にもかかわらず、難民の受け入れに制限を設けようとする今の状況は、コミュニタリアン／多文化主義における正義の観念が、表裏一体になっていることの現れです。喩えれば、「ルビンの壺」です。これは向かい合う顔だと言う人もいれば、壺だと言う人もいますが、実は同じものなのです。

ヨーロッパでは今、これ以上の難民を受け入れてしまうと、もはや我々の伝統も価値観も守れないという危機感が拡がっています。他方で、似たようなことがアメリカでも起きていて、大統領選において、共和党の候補のトランプという人が、これ以上メキシコ人が入ってこないよう、国境に壁を建設することを提案しています。ヨーロッパ的価値とは何か、アメリカ的価値とは何かを考えると、こうした事態は、非常に逆説的です。というのも、どちらも、世界でもっとも多様性を受け入れることで成功してきたのであり、それゆえにこそ、世界中から尊敬もされてきたわけです。多文化主義はヨーロッパ的な価値の精髄です。アメリカ的価値は、多様な移民の受け入れにおいてこそ現れています。にもかかわらず、ヨーロッパ的価値を守るために難民の受け入れを制限するとか、アメリカ的価値を守るためにメキシコ人の流入を制限するとかいったやり方は、自分たちの中心的な価値を守るために、その価値を否定するというようなことになってしまう。自らの価値観を自己否定によって守ろうとする、そんな事態が生じています。

話をもとに戻しますと、コミュニタリアン的な善と多文化主義的な善しかないという状況を、政治的に表現すると諦観的平和主義になるわけです。なんとかこの状況を克服しなければなりません。先ほども言いましたが、諦観的平和主義には自滅的な性質があります。ですから、何らかの意味での正義の概念を救出しなくてはなりません。

7　無知のヴェール

そのために、いったんロールズの『正義論』に立ち戻って、話をしてみたいと思います。この本 *A Theory of Justice* は一九七一年に刊行されています。これは、たいへん読みにくい本ですが、しかし、正義についてこれほど体系的に論じた本はほかにありません。ところがロールズは、たくさんの批判を受けて、自身の正義論を捨ててしまい、コミュニタリアンから、ロールズ君、分かってきたね、と言ってもらえるぐらいには、思想的なポジションをコミュニタリアン寄りに変質させてしまう。

ここではロールズが、サンデルなどコミュニタリアンのほか、アマルティア・セン、ノージックらから批判を受けて、自らの考えを変えてしまう前の『正義論』での議論を取り上げて、この書が正義をどのように基礎づけていたのか明らかにし、その上で、これをどう乗り越えればいいのか考えてみます。というのも、たいていの批判は、普遍的な正義の存在そのものに疑いをかけるものなので、つまり、多文化主義やコミュニタリアン的な含みのある批判なので、結局、普遍的な正義の原理の導出という点で、未だに、これをはっきりと超えたと言えるものはないからです。

ロールズの正義論の一番のポイントは、無知のヴェールをつけた者の間の仮想的な社会契約というアイディアですね。無知のヴェールというのは、一言でいってしまえば、人が、自分の社会的なアイデンティティについて、一時的に記憶喪失になるということです。自分が何者でもなくなる。言い換えれば、何者にもなりうるXになる、それが無知のヴェールです。

たとえば、あなたはAという電力会社の社員であり、再稼働するかどうかもめている原発はA社のものだったとする。すると、原発を再稼動するかどうかという判断において、A社にとって何が利益になるか、ということを考慮してしまう。このとき導かれる判断は、正義にかなっているかどうかではなく、どちらが自分の利益を増進させるかということになる。この結論は、A社の社員でなければ、受け入れられないかもしれない。だから、普遍的に誰もが納得するような正義について何か結論を導くためには、自らの社会的なアイデンティティについて、誰もが一時的に記憶喪失にならなければなりません。その状態で、何が公正かということについて意見の一致をみれば、それは、正義の原理にかなっていることになる。つまり、無知のヴェールのもとで、お互い社会契約を結ぶわけですね。

次のように考えてください。これから「社会」という芝居をやる。いくつかのシナリオがある。配役を決めるまえに、出演者全員で、どのシナリオがよいかを話し合う。このとき出演者は、どの役を演じることにもなりうるXの状態なので、無知のヴェールを付けているのと同じことになります。こういう状態で、出演者の全員から支持されたシナリオを選ぶ。そのあとで、配役を決めるのです。

無知のヴェールというアイディアが、なかなかいい。このアイディアの核は、何も悪いことをしていないのに、他の人にとってそれが有利だからという理由で一部の人が犠牲になることは避けられるべきだ、というところにある。つまり、功利主義的な理由で一部の人が犠牲を強いられることは、正義の原理に反するというのが、『正義論』の直観なんですね。

ひとつ具体的な例を挙げると、沖縄には在日米軍基地の七割以上が集中していて、明らかに本土の犠牲になっています。このとき、無知のヴェールがなければ、本土に住む人の方が多数派ですから、沖縄の基地が容認されるでしょう。しかし、無知のヴェールを用いたらどうか。そうすると、すべての人が、沖縄の住民であるかもしれない（あるいは沖縄の住民という役があたえられるかもしれない）という状況に置かれるわけです。そうすると、沖縄の住民のような人がいるシナリオ、つまり何の理由もないのにより重い犠牲を強いられるようなシナリオは、受け入れられないということになる。つまり、無知のヴェールによって、何も悪いことをしていないのに、他の人のために犠牲になるという状況を排するということが、ここでのポイントなんですね。

しかし、この考え方では、うまく行かない場合があります。ここでは『ソフィーの選択』という映画を用いて、このことを説明します。この映画は、しばしば倫理学の論文で引用されており、私も自分の著書や論文で何度か使ったことがあります。この映画の、まさに「ソフィーの選択」の場面が、ロールズの無知のヴェールが首尾よく働かない例になっています。映画の原作は、ウィリアム・スタイロンの小説（一九七九年）で、これをアラン・J・パクラ監督が映画にしました（一九八二年）。

この映画の主人公はソフィーという、ポーランド人の女性です。メリル・ストリープが演じています。ナチスの占領下にあったポーランドで、ソフィーはレジスタンス運動にかかわっていると見なされ、二人の幼い子どもとともに捕らえられ、アウシュビッツ収容所へ送られてしまう。到着した収容所の駅で、ソフィーはナチスの将校から話しかけられる。子どもが二人いるね、どちらか一人を選べ、とソフィーに選択を迫るわけですね。男の子か、それとも女の子か。お前が選んだ子は救ってやるが、選ばれなかった子はすぐにガス室に送られ、殺される、というわけです。そして、もし選ぶこと自体を拒否すれば、二人とも、ガス室で殺されることになる、と脅されるソフィー。

どちらかの子を選べと言われても、ソフィーにはできないわけです。どちらも愛するかけがえのない子なのですから。しかし、選ばなければ、二人とも殺されてしまうので、最悪の事態になる。最終的にはソフィーは、男の子を選び、女の子を手放すという苦渋の決断をするわけです。

このケースは、ロールズの正義論に対する究極の反例になっていると思うんですね。どうしてか。まず、無知のヴェールを被っていたとしても、ソフィーの選択を支持しないわけにはいきません。仮に自分がこの「女の子」の立場になる可能性がある、と考えても、それでも、この選択を支持するしかない。選択を拒否すれば、二人とも殺されるわけですから。しかし、ロールズの想定した、無知のヴェールを用いた社会契約というのは、もともと、罪もないのに、誰かの犠牲を強いられる者がいる、というような事態が生じないようにする、ということが狙いでした。この例では、しかし、女の子は、罪のない犠牲を強いられてしまっている。まさに、ロールズの論理そのものによって、この論理が回避しようとしていた結論が許容されてしまうわけです。

こんなふうに想像してみてもよいでしょう。今、あなたの前に、悲嘆にくれているソフィーがいるとします。あなたが、ソフィーに、「君は最もよい選択をしたのだから、落ち込む必要はないのだ」と慰めたとしたらどうでしょう。この慰めは、あまりに無神経で、冒瀆的でさえあります。罪のない女の子が犠牲になったことを、よい選択だったとはとうて言いえない。実際、この映画は、ソフィーが、この選択に対する罪の意識から立ち直ることができない、ということを描いているのです。しかし、かといって、よりよい選択があるわけでもない。ソフィーの選択は、どう考えても、よい選択ではありません。二人とも殺されてしまうという最悪の選択か、一人が殺されてしまうという、最悪ではないが悪い選択の、どちらかしかない。それは、ロールズ流の正義論がもはや通用せず、どこにも正義がないような世界です。人間の理性の限界と言ってもよいかもしれません。

このロールズ批判の議論は、ジャン＝ピエール・デュピュイという哲学者の論文に載っていたものです。僕は感心しました。というのも、ほかのロールズ批判と違って、ロールズの議論そのものに内在して、そこから矛盾を導くものだからです。こうした状況においては、正義というものが定義できなくなってしまうんですね。

8　誰もが「ソフィーの選択」を終えている

だとすれば、正義はますます窮地に追い込まれている。もはや普遍的な正義を救い出すことは不可能なのか。僕の考えでは、そんなことはありません。

そのことを納得していただくためには、まず、僕たちは、ある意味で「ソフィーの選択」をしているというか、してしまっているということを理解していただく必要があります。人間はみな、まさに人間になることにおいて、ソフィーの選択をしているのです。どういうことか説明しましょう。我々はつねに、何者かとして生きざるを得ません。日本人として、誰かの妻や夫として、ある会社の一員として、男として、女として……。こうした何重もの規定の中には軽重があるでしょうが、何者でもないという状態はあり得ない。つねに何者かとして生きているわけです。つまり、人は常にすでに、いずれかのアイデンティティの選択を完了したものとしてのみ、この世界に存在します。人は、自分を何者かとして自覚するときには、このアイデンティティの選択を完了してしまっていることに気づくのです。

ならば、何者かとして生きる、つまりアイデンティティの選択をするとはどういうことでしょうか。一言でいってしまえば、それは、自分をいずれかの特定の共同体の中に見いだすということです。何者かであるということは、いずれかの特定の共同体への所属を、つまりその共同体の中でのある位置《ポジション》を引き受けるということと同じです。ここで言う共同体は、自分が勤務する会社であったり、家族・親族であったり、どこかの国民であったり、あるいはプロレタリアートの一員であるというような、かなり観念的なものであったりと、いろいろですが、いずれにしても、何者かとして生きるということは、ある種の共同体への所属を選択することなんですね。

結論的に言えば、ある意味でこれが「ソフィーの選択」なのです。どういうことかというと、たとえば、あなたはXという共同体の一員であるということを引き受け、選択してしまっているとする。このことは、あなたが、その共同体Xを他の共同体に対して優遇するということを必然的に含意しています。あなたにとって、共同体Xは愛着の対象であり、他の共同体に対して、常に優越する価値をもつわけです。たとえば、あるとき、いくつもの悪条件が重なったせいで、生存環境がきわめて厳しくなったとする。共同体Xと共同体Yの両方のメンバーがともに生き延びることはできない。双方からたくさんの死者が出ている。そのとき、Yの人々を救いたいと思いながらも、Xの一員として生きてきたあなたは、Xの人々の生存を優先させざるを得ない。もちろん、環境が厳しくなければ、あなたは、XもYも救おうとするでしょうが、どちらかしかとることができないとき、あなたはXの方をとる。そういうことが起こり得るわけです。

このことをそのまま肯定すれば、コミュニタリアンになります。「われわれ」を優先することを素直に肯定する考え方です。自分のアイデンティティを規定する共同体の選択は、しばしば、「気がついたときにはすでに選択していた」という形式になっていることが興味ぶかい。たとえば、私たちは、日本人であるとか、フランス人であるとか、中国人であるとかという運命を引き受けるわけですが、そのとき、自覚的に契約書にサインをして選択するわけではない。無意識のうちに、「〜人」であることを選んでしまっている。

と同時に、この選択が、戦争が起きることの前提条件になっているということにも留意すべきです。もちろん、人が、共同体への所属をそれぞれ選択してしまっているということが、必然的に戦争を導くわけではありません。たいてい戦争になどはならない。しかし、今しがた述べたように、あれかこれか、というどちらかしか選べない状況で、Xに属することを選んだ人はXを、Yの方を選んだ人はYを救済しようとする。両方の救済は両立できないのですから、紛争が生じうるわけです。

もう一度確認すると、主体がみずからを何者かとして作り上げるとき、彼または彼女は、すでにソフィーと同様の「あれか、これか」の選択状況に置かれ、潜在的には共同体Xを救済し、別の共同体Yを犠牲にしているのです。しかし、選択しないことは、彼または彼女は何者にもなりえないということになり、つまりはいわば狂気に陥っていることになり、最悪になる。ちょうどソフィーのケースと同じように。

その後が大事です。先ほども言いましたが、ソフィーの選択では、一つもよい選択肢がありません。じつは、僕らがアイデンティティを選ぶということも、それと同じなんですね。もし我々が、何者でもないという生き方を選ぶとすれば、それは人間としての生き方を放棄するのと等しいことになります。つまり、何者かであるという選択をしないということは、ソフィーの場合と同じで、最悪の結果を招いてしまうわけです。ですから、僕らは何かを選ばなくてはなりません。しかしそれは、ソフィーの場合と同様、苦渋の選択です。最悪ではないにしても、悪い選択です。

これまでの話の中に、じつは一つだけ、普遍的な正義への手がかりがあります。『ソフィーの選択』で言うと、ソフィーは二人いる子どものうち、女の子を諦めるという苦渋の選択をせざるを得ませんでしたが、話はそれで終わりません。ギリギリの選択だったとはいえ、女の子を手放してしまったことがトラウマとなって、生涯、彼女を苦しめることになるからです。だったら、選択を拒めばよかったのか。そんなことはありません。選択を拒めば、彼女は二人の子どもを一気に失うという最悪の事態に陥っていたのですから。これと同じことが、主体が、何者かになる、Xという共同体の一員になる、というときにも起きている、ということを述べてきました。主体としてはほんとうは、XとYの両方をとり、全部を救いたいのだけれども、それは不可能です。彼が選択し優遇できるのは、常に部分のみです。主体は、自分が何者かを表現し、社会的なネットワークの中での自分の位置を指定してくれるような、限定された共同体Xをとるほかない。日本人になったり、EUの一員になったり、アメリカ人になったり、と。普遍的なのは、そのようにして選択せざるを得なかったという、そのことに、後ろめたさが、罪の意識が伴っていることなんですね。

正義は、この罪の意識の中にあるのではないでしょうか。いわば、人間が何者かであるための原選択に、深い後悔の念をもちうる、というところにこそ、普遍的な正義があるのではないでしょうか。「これは悪い、苦渋の選択であった」という認識こそが、普遍的でありうるわけです。

人は、悪い選択を通じてのみ、何者かになることができる。いわば「堕落」の選択を媒介にして、人間は人間になる。このように理解すると、キリスト教でいうところの「原罪」というものに合理的な解釈を与えることができます。つまり、ここで、「原罪」ということを宗教的なコンテクストから解放して、その合理的な核を取り出したことになります。

私たちは、何者かになるとき、じつはソフィーと同じように、苦渋の選択をしています。それによって生じる罪の意識、後ろめたさ。正義は、そこにしかありません。そして、普遍的な正義があるとすれば、こうした消極的なかたちをとらざるを得ない。そう僕は考えています。

9 私たちもまたストレンジャーだ

今述べたことは、正義の概念の中には次のような意味が含まれているということです。つまり、自分自身は他でもありえた、と。自分はXの一員ですが、ほんとうはYでもありえた。ということは、Xであることもまた、ありえた可能性のひとつでしかない。

ここまで、かなり哲学的に述べてきたことを、もう少し一般的で具体的な感覚で言い直すことができます。デカルトが、あるところで書いていることが、この文脈で役に立つ。彼は、若い頃は、いろんな外国人の習慣とかマナーとか信仰とかを見て、じつに風変わりで奇妙で滑稽でさえあると思ったそうです。ところが、あるとき、はっと気がついた、外国人からすれば、自分の方こそ奇妙で滑稽なのだ、と。何気ない話に思えますが、この視点の転換は、ここで話してきたことと関係があり、ものすごく重要です。

というのも、このデカルトの視点の転換は、自分はYでもあり得たのにXをすでに選んでしまっている、ということと同じだからです。デカルトが言っているのは、X人として生きてきた自分がY人を目にして、どこか変だなと思ったけれど、Y人からすれば逆もまたしかり、ということですね。とすれば自分がY人である可能性もあったのではないか、ということなんですね。つまり、自分（たち）もまたストレンジャーだということです。はじめは、Y人だけがストレンジャーだと思っていたが、X人である自分もまたストレンジャーなのだ、と。

こうした見方は、コミュニタリアンや多文化主義のそれと真逆の考え方です。というのも、コミュニタリアンであれば、私たちの外に、私たちの周囲に他者＝ストレンジャーがいる、ということになる。デカルトの話はまったく逆です。私たちの内にこそストレンジャーがいる。いや、私たちこそストレンジャーだ。

あるいは、「戦争」という主題と関係づけるなら、カール・シュミットの「政治的なるもの」についての議論を引いてみるのもよいかもしれません。シュミットによれば、政治の営みとは、友と敵とを区別することです。こちら側に友がいて、あちら側に敵がいる。しかし、こちら側もある意味で「敵」――というのは言い過ぎだとするならばストレンジャー――ではないか、と視点を反転させたのが、デカルトの感覚ですね。私が、何者かであることに伴う罪の意識とか後ろめたさというものを、もう少し薄めて言い換えれば、私たち自身こそがストレンジャーかもしれない、という感覚になるのです。

ここまで、普遍的な正義というものはある、ただしそれは消極的なかたちで、という意味のことを述べてきました。

10 積極的中立主義

以上の哲学的な議論をふまえて、憲法や日本国の方針ということに関連した、二つのことを提案したいと思います。

第一は、積極的中立主義というものです。安倍首相の「積極的平和主義」と字面は似ていますが、その意味するところはまったく違う。真逆だと言ってもよいくらいです。普通、紛争や戦争があると、どちらの陣営が、「われわれ（友）」であり、「やつら（敵）」なのか、と考えます。「われわれ」の陣営に入って一緒に戦うというのが、集団的自衛ということです。それに対して、戦っているどちらの陣営も「やつら」であって、「われわれ」は局外にいる、というのが、諦観的平和主義であり、また普通の中立主義、つまり消極的中立主義です。それらに対して、対立する二陣営だけではなく、「われわれ」すらも、ある意味で、「やつら《ストレンジャー》」だと考える、というここでの立場から導かれるのが、積極的中立主義です。つまり、対立するどちらの陣営とも、まさに同じ「やつら《ストレンジャー》」であるという意味で連帯することができるし、しなくてはならないということです。

もう少し具体的に言うと、こうです。たとえば、A、Bふたつの国が戦争を始めたとき、普通の中立主義、消極的中立主義の立場では、どちらにも与《くみ》しない、という態度をとります。それに対して積極的中立主義は、争っているAとBのどちらも援助しようという思想です。ただし、援助は非軍事的なものに限られます。僕は、これを広義の贈与、対立する二つの陣営両方への贈与と解釈しています。

AとBとが戦争していれば、双方に甚大な被害が出ているはずです。死傷者がたくさん出ているし、さまざまな施設やインフラが破壊されてもいるし、食料や物資も不足しているかもしれない。そして、多くの難民も出ているはずです。こうした問題に対処すべく、双方の陣営に非軍事的に支援する。これが積極的中立という考え方です。A、Bのいずれか一方だけを支援すれば、集団的自衛権の行使になってしまいますが、両方とも支援すれば、そうはならない。もちろん、弾薬を供与するとか、そういう軍事的な支援ではなく、破壊されたインフラ復興に力を貸すとか、けが人の治療に当たるとか、大量の難民を受け入れるといったことをするわけです。

これを日本の基本外交方針にすればいいと僕は思う。憲法九条には今、二項までありますが、第三項として、いま言った積極的中立主義を基本外交方針とすると明記する。考えてみると、それほど奇抜なアイディアではありません。というのも、国連平和維持活動（PKO）には、日本も参加しているわけですし、やるべきことだと多くの人が考えているわけですから。僕のこの提案は、現状のPKOでやられていることをより拡大させただけなんですね。じっさい自衛隊は、これまでのところ戦争をしておらず、被災地の救援などを主たる任務としてきたわけですから、その延長上で、自衛隊および防衛省を発展的に改組して、積極的中立主義の担い手とすることは不可能ではないはずです。

いくつか補足的なことを言っておきます。先ほど、絶対平和主義を基本方針とする場合、安全保障はどうなるのか心配になる人が少なくないだろう、ということを言いました。僕の考えでは、積極的中立主義は、日本をこの上なく安全にします。まず、この考えを実行すれば、どの国、どの陣営からも「敵」と見なされることはありません。

確かに、積極的中立主義に基づく組織や部隊は、ときに紛争地域にも行かなくてはならず、そこはかなり危険なところです。しかし、それらが、いずれかの陣営によって、意図的にねらいうちされる、ということはないはずです。たとえば、戦場で負傷者を救助している赤十字とか、国境なき医師団とかを、わざわざねらいうちしたら、たいへんな国際的非難を受けるでしょう。それと同じように、もし積極的中立を表明している日本の組織や部隊を意図的に攻撃したら、とんでもなく非難され、国際的に孤立するはずです。

それからもう一つは、どこかで紛争が生じたときに、B国よりもA国のほうが経済の結びつきが強いとか、A国に味方をしたほうが今後、自国により有利な状況が生まれるといったこともあるわけです。あるいは、明らかにA国のほうに理があるように思われる、ということもあるかもしれません。そうであっても、A、B両国に多くの犠牲者が出ていることは確かです。そうした人たちを援助しなくてはならない。B国に対してイデオロギー的に共感できないとか、手を差し伸べても一文の得にもならないとかあっても、積極的平和主義においては、どちらか一方に加担するのでなく、双方をともに援助する。

もうひとつ重要なことは、求めに応じて援助を提供するということです。そうでなければ、不当な介入や主権の侵害になってしまいます。ですから、紛争当事国の求めに応じて支援をしなければならないわけですが、こちらの申し出が断られてしまう可能性もあります。たとえば、ある独裁国家Cが隣国と戦争になったとき、C国の独裁者に、支援など不要だと断られてしまうかもしれない。しかし、相当それは後ろめたい事情があるからではないでしょうか。というのも、支援を受けても、何も損はないわけですから。ですからそれは、断ること自体が、じつは国内で何か隠しておきたい悪事が行われていると告げているようなものです。

日本という、極東の小国がそんなことを始めて、いったい何になると思われるかもしれません。世界中にあまりにも多くの紛争があり、とうてい、日本はこれらのすべてに応じることはできない、と。しかし、考えてみれば、もしこの方法が一定の成果をあげるならば、これは、みんなが真似たくなる方法ではないでしょうか。なぜなら、まず、この方針で行動する国の、つまり積極的中立主義の国の安全度がより高まるからです。核兵器をもっているよりも、安全です。それだけではありません。この活動は、戦争よりずっと価値があることは本人にもわかるはずですし、援助する自分も、援助される他者もともに幸福にします。ですから、理想的に展開すれば、世界中に、積極的中立主義の追随者、模倣者を生むはずです。そうなれば、世界は、積極的な相互援助の複雑なネットワークとして描くことができる共同体となります。これこそ理想の世界であり、永遠平和への大きな一歩ではないでしょうか。もちろんそれには、一〇〇年以上の時間がかかるかもしれない。しかし、試みるに値することであり、憲法九条をもつ日本は、みずから率先してこの方向に動いたらどうでしょうか。

もちろん、技術的には、とてつもなく困難な問題が山ほどあります。たとえば、紛争は主権国家の間で起きるとは限らないので、誰を、あるいは何を援助や贈与の相手にすればよいのか、確定は難しい。紛争が錯綜していて、誰が何に責任をもっているのかもはっきりしないとき、どのようにして援助の要請の存否を確定したらよいのか。あるいは、軍事的援助と非軍事的援助の境界はどこにあるのか。どのくらいの規模の組織が必要なのか。いくらでも技術的な問題があることは、百も承知です。が、そういう技術的な問題と基本的な考え方とは別です。技術的に困難なことがたくさんある、ということは、ここに示した基本的な考え方を退ける理由にはならない。

11 国連に「こうしよう」と言おう

もう一つの提案は、国連に関係することです。国連の改革、とりわけ安全保障理事会を媒介にした意思決定の方法についての提案です。日本は、この方法を導入するために、国連の改革を主導したらどうか、というものです。

今回、この本で話を聞かせてくれた方たちは、「たかが国連、されど国連」（井上達夫）という感じで、数々の問題があるにせよ、国連の存在意義を認める議論をされています。その中で、加藤典洋さんがもっとも国連を重視していて、国連待機軍をもちつつ、これから日本は国連変革に積極的にコミットしなければいけないと主張しています。たしかに、平和の確立のために、今ある国際機関のなかで、国連は一番いいわけですね。

ただ、気になることもあります。というのは、戦後の日本は、肝心なことはアメリカに決めてもらってきたからです。最も難しい問題については、アメリカが決定し、日本は、それに追随してきました。日米合同委員会のようなものを通じて、事実上、決定が強いられたこともあったでしょうし、また日本側が、自ら進んでアメリカの決定や行動に自分たちの決定や行動を合わせたこともあるでしょうが、いずれにせよ、最も大事な政治的意志決定をアメリカに外注しているような状況です。アメリカが善意の支配者であるかのように思い込んできたからです（しかし、先ほど述べたように、こうした想定には疑問があります）。こうした中で、日本が国連中心主義に移行したなら、今度は国連に頼り切ってしまうのではないか。つまり、アメリカに外注していた意志決定を、今度は、国連に外注するようになるのではないか。紛争が起きても、どうするかを主体的に決められず、国連で決議されてから、その枠内でやりましょう、というように。その上、国連そのものが、どこまで信頼できるのかという問題があります。知られているように国連は、アメリカやロシア、中国といった大国からも、自国益を増進させる道具として利用されている面があることは否定できません。

そうすると、国連を重視するにせよ、加藤さんも言われるように、日本は国連変革を牽引するぐらいの覚悟でかかわらなければ駄目だということですね。この場合、気合いだけでは足りなくて、変革について、明確なヴィジョンや目標をもっていた方がよい。そこで、僕は以下のようなことを提案するわけです。

国連の最も重要な存在意義は安全保障にある。その仕事の中心に、安全保障理事会がありまず。しかし、ご存知のように、国連の安全保障理事会は、常任理事国がしばしば拒否権を発動することもあって、機能不全を起こしています。だからといって、安全保障理事会を廃止して、加盟国すべてが国連総会で民主的に決めるようにすればいいかと言えば、おそらくそれでは何も決まらない。

いま国連に必要なのは、抜本的な改革プランだと思うんですね。そのための基本的な枠組みを言うと、まず、拒否権をもつ常任理事国は廃止する。つまり、安全保障理事会のメンバーは、すべて、非常任の理事国だけにする。現状と同じように、二年の任期で、半数ずつ交代でよいと思います。理事国は、地域ごとに配分されるべきだと思いますが、地域割や地域ごとの数については、ここでは特に何も提案いたしません。ちなみに、現状では、常任理事国五カ国を含め、理事国は全部で一五カ国になっています。どうやって理事国を選ぶか。現状では、非常任理事国に選ばれるには、国連総会で三分の二の支持で承認されることが必要で、再任は禁じられています。このままでもよいと思いますが、極論すれば、再任を禁じた上でのくじ引きでもよいと僕は思っています。いずれにせよ、僕の提案の中心は、安保理のメンバー構成にあるわけではなく、安保理を利用した、紛争解決のための合意形成の方法にあります。

これまで、国境紛争などの二国間対立が生じると、当事国に侵略性が認められれば、安保理決議が出されたり、いろんな制裁が発動されたりすることはあっても、安保理の常任理事国のうち一国でも拒否権を発動すると、すべてがストップしてしまう。このため、国際紛争がきちんと解決されることなど滅多になくて、紛争当事国のどちらかだけが得をしたり、両者とも納得できなかったり、損をしたりという結果になっていました。

僕はこんなふうにしたらいいと考えています。まず、具体的なことを言う前に、ベースになる哲学を言っておきます。AとBとが対立しているとき、その究極の原因は、それぞれが、それぞれのアイデンティティに執着することにあります。たとえば、Aにとっては、自分がXであるほかない（A＝X）、と。しかし、ロールズ批判と『ソフィーの選択』のところで述べたように、原理的には、AはYでもありえたのに、いわば苦渋の決断として、Xを選択し、引き受けているわけです。ただ、そのことは忘却され、抑圧されている。だから、Aにとって X は絶対に動かせない結論です。これから提案する方法は、Aを、XでもYでもありえたという時点に差し戻すにはどうしたらよいか、ということにポイントがある（いわば、ソフィーを、男の子と女の子を選ぶ時点に差し戻すわけです）。そして、Aに、その時点から、もう一度、Xを選択させる。Xの選択を反復させる。そのことで、この選択が、ある意味で「悪い選択」であるということをリマインドさせる。これが、これから解説する方法の肝です。もちろん、同じことを、相手のBの方でも起こさせる。こうして、対立の究極の原因となっている、特定のアイデンティティへの固執から双方を解放するわけです。

では、どうするか。通常、A、Bの二者間（二国間）で紛争が生じると、A、Bそれぞれが相手に非があると主張し、自分に理があることを分からせようと、理事会なり委員会なりに訴えて、非難の応酬となってしまう。これでは問題の解決にはならない。あるいは、何らかの結論が出ても、どちらも、あるいは少なくとも一方は、まったく納得できず、受け入れることができない。ではどうするのか。

最終的な結論は理事会で出すわけですが、AとBは、直接、理事会の席に召喚されて、それぞれの主張を開陳するわけではありません。AとBのそれぞれに対して、媒介者MとNを置く（図参照）。AはMという媒介者を通じて、BはNという媒介者を通じて、自分の見解を理事会で表明するのです。媒介者とは何かと思われるでしょう。この媒介者は裁判のときの弁護士と似ています。しかし弁護士は、依頼人の代理人であることがはじめから決まっています。しかし、このやり方では、AはMを、BはNを、それぞれ自分の代理人に仕立ててはならない。MとNは、AやBと対等なごく平均的な者で、完全な中立者です。MとNの役割は、AとBそれぞれの言い分を正確に理事会に伝えることです。

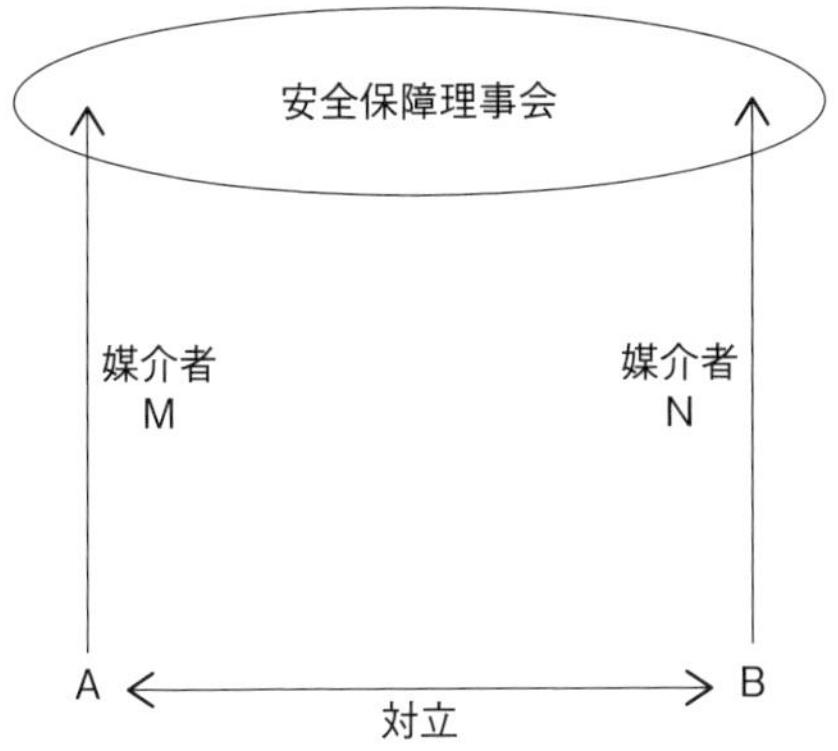

なぜ媒介者が必要なのか。自らの「正当性」を証明するには、AはMを媒介にして自らの言い分を理事会に伝えてもらうしか、手がありません。Bもそれは同じで、Nに説明をして、納得してもらわなくてはなりません。このとき、M、N両者とも、A、Bの双方を嫌ってもいないし好いてもいない。もともと、MはAに賛成しているわけでも共感しているわけでもない。しかしAに反発しているわけでもなければ嫌悪しているわけでもありません。MもNも、ごく普通の第三者です。MであればAの、NであればBの言い分をきち

んと理解し、できるだけ正確に理事会に伝えようとしていますから、Aにしても B にしても、それぞれMとNに自分の言い分を正確に分からせようとする。MもNも、理事会においてそれを、うまく説明できなければいけない。これこれこういう理由で、こうなったと主張していいます、と。理事会に対して、なるほどと思わせなくてはいけないわけですね。

そこで重要なのが、AがMを説得する、BがNを説得するというプロセスなんです。このときAは、自分を好きでも嫌いでもないMに対して、自分の言い分を分からせなくては、という強い動機をもっていますし、Mのほうも、少なくともAの言い分を理解しようとしています。分からないところ、不明な点があれば、当然、尋ねますよね。BとNの関係においても、それは同じです。

ここでの狙いは、抽象的に言えば、こうです。Aにとっては、Xという主張はすでに自明ですが、中立的なMにとってはそうではない。Mの方からすると、どうしてXなのかは、問われるべきことです。だから、AはMに、どうしてXなのかを説明しなくてはならなくなります。この説得を通じて、Aは、Xの必然性ではなく、逆にその偶有性に向かいあわされるでしょう。つまり、Aは、Mに、なぜXかを説得する過程で、XではなくYでもありえたということを逆に自覚させられてしまうのです。なぜなら、Mは、特段に意地悪なわけではありませんが、しかし、Xである、ということをすぐには納得してくれないからです。

僕はいま、国連の安全保障理事会という設定の中で話していますが、紛争解決のための基本フォーマットとして、この方法は汎用性があって、いろんな局面で使えるはずです。じつはこの本そのものが、この方法の応用として作られているのです。井上さん、加藤さん、中島さんそれぞれに対して、僕は媒介者になっている。そして、理事会に対応するのが、この場合は読者です。たとえば井上さんであれば、九条は削除したほうがよいという見解に対して、僕がどうしてそうしなくてはいけないのか、質問をしていく。そうすると井上さんは、その理由をきちんと説明しなくてはいけなくなる。僕は僕で、井上さんのその説明を正確に理解して、僕なりに納得し、読者に伝わるよう努めなくてはならない。そういうプロセスですね。実は、このやり方を思いつくきっかけといいますか、インスピレーションの源泉のようなものがあります。精神分析学の泰斗ジャック・ラカンが昔、精神分析家としての資格を備えているかどうかを認定するための独特の手続きを提唱したことがあるのです。それは、まったくうまくいかなかったのですが、そのやり方が、僕にとってはヒントになっています。

さて、話を戻すと、MとNは、A、Bそれぞれと理事会とをつなぐ、できるだけ透明な通路になって、理事会で、それぞれの言い分を伝えます。そして、理事会は結論を出す。実は、理事会がどのようにして結論を導き出すかはあまり重要ではないのです。もちろん、理事国どうしの話し合いで完全な合意に到達できるのであれば、それが最も望ましいことは確かです。ありそうなことは、両者の言い分の折衷や妥協のような「第三の案」で、理事会のコンセンサスが得られるということです。しかし、多数決のような方法で決めなくてはならないときもあるかもしれません。いずれにせよ、理事会がどうやって、どのような結論を出すかは、二次的な意味しかない。

どうしてかと言いますと、媒介者を説得する過程ですでに、AはXへの固着から解放されてしまっているからです。BはYへの固着から解放されているからです。ですから、Aの側には、X以外の結論を受け入れる態勢が整っている。Bの側も同様です。ですから、AもBも、理事会の結論を受け入れるでしょう。AとBとが直接対決すると、双方は、それぞれの主張に命がけで執着し、ただの水掛け論になり、最後は武力衝突にすらなるかもしれない。しかし、媒介者が、各主体を、それぞれの主張への執着から解放するのです。そうしておけば、自分の本来の主張とは異なる結論を受け入れる準備が整うのです。

わかりやすくするために、展開を理想化して描いてみましたが、考え方の骨子はわかっていただけたかと思います。こうした方法を国連において導入すべく、日本は努力したらどうかというのが第二の提案です。もちろん、困難な山をいくつも越えていかなくてはならない。そもそも、現在の常任理事国に、その特権を放棄させることだけでも至難でしょうから。しかし現状の国連の枠組みや構造を前提にして、それにどう適応するか、どうやって常任理事国になるか、などということを画策しても、あまり意味がないと思うのです。

加藤典洋さんの『戦後入門』に、ロナルド・ドーアの印象的な言葉が引かれています。日本では、「Ｎｏと言える日本」という標語は、日本が国際社会で主体性を発揮していることの表現だとされていますが、ドーアは逆に、その消極性にびっくりした、というのです。Ｎｏと言うということは、提案は他人から出されている、ということです。そんな受け身でどうするのか。どうして、「こうしようと言える日本」にならないのか。僕は、国連で、日本は「こうしよう」と言うべきだと思う。その内容の一つをここで提案してみました。

これまでの話を整理します。第一に、憲法九条には第三項として、積極的中立主義を基本的な外交方針とするという内容を追加する。第二に、国連に対しては、いま言ったような紛争解決の基本フォーマットを導入するよう、積極的に働きかける。

以上のことは、あまりにも理想論に過ぎると思われるかもしれません。こんなことを実現しようとしても、現状では失敗するだけだ、と言われるでしょう。でも、世紀単位で未来を見据えて、日本が、いや人類が生き延びられるとしたら、ここで論じたようなことが実現できなければならない、と僕は思っています。確かに、今すぐには実現できず、試みても無残に失敗するだけかもしれない。しかし確実なことがあります。理想の実現は、繰り返される失敗の果てにしかない、ということです。失敗を回避して、理想だけを純粋に獲得することは不可能です。失敗の反復という長い道しか、理想に到達する道はない。とするならば、短期的な現実主義《リアリズム》の観点からは不可能なことを、あえて主張しないわけにはいきません。

僕は、日本の戦後史を三つの段階に整理したとき、現在を「不可能性の時代」だと名付けたのですが（『不可能性の時代』岩波新書）、一部の人から批判されました。そんなことをあなたが言うと、人々は希望を失う、と。確かに、「理想の時代」の転回した姿が「不可能性の時代」なので、この時代の名称には、理想が不可能だ、という含みがあります。しかし、命題の主語と述語は弁証法的に反転するのだ、と僕は言いたいのです。つまり、不可能なこと、不可能性にこそ理想があり、希望があるのだ、と。

【質疑応答の時間】

質問P　媒介者MとNの資格要件というのはどうなっていますでしょうか？

大澤　MとNは、AとBに対して中立的であれば誰でもよいのですね。できれば、AとBに対して、保護者的な立場にはならない、同格なものがよく、さらに言えば、自分も、AとBのような紛争に直面する可能性があるような者がよりよい。どうやって、MとNを決めるかですが、それは、今述べたような条件を考慮して、理事会が指名すればよいと思います。場合によっては、こうした条件を満たす者の中から、くじ引きで決めてもよいかもしれません。

ほんとうは、先ほどの説明では簡略化するために省きましたが、僕は、媒介者は、それぞれに対して二人ずついる方がよりよいと思っています。つまり、Aに対してはM_1とM_2、Bに対してはN_1とN_2という具合にです。どうしてかというと、一人しかいないと、たまたま自分にとって有利な媒介者であったとか、不利な媒介者であったとか、ということが起きてしまうからです。たとえば、自分たちは一神教の伝統をひく文化をもっていて、媒介者も一神教徒だったので、かんたんに納得しあえたとか、逆に、宗教的な伝統が違いすぎて、もうひとつ納得してもらえないとか、そうした運不運が出てきます。媒介者が二人いれば、そうしたバイアスをかなり中和することができる。

質問Q　積極的中立主義に基づく支援についてですが、それによって両陣営の体力を温存することになり、かえって戦争を長引かせるという非難を招くことになりはしないでしょうか。戦闘員は助けないが、一般市民の被害には手を差しのべるといった選別はせず、中立的に支援するということになると、戦争がいつまでも続いてしまうと言われてしまうような気がしたのですが、その点はどうでしょうか。

大澤　僕は逆だと思うのです。たとえば、日本の太平洋戦争を考えるとよいと思います。今から思えば、勝負は開戦後半年くらいの段階でおおむね決していたのですから、日本がもっとずっと早くに降伏していれば、双方の損害ははるかに少なくて済んだ。日本がなかなか降伏しなかったのは、体力があったからではないと思うのです。体力的にはボロボロだったのに、戦い続けていた。どうしてかというと不安だったからです。降伏したとき、自分たちの最も重要な部分まで全否定されるのではないか、という不安があった。援助者がいれば、そういう不安から人は解放されるのです。その方が、安心して、戦争をやめることができるのです。

質問Q　サポートがあったほうが、戦争とは別の道を模索する力になるかもしれない。

大澤　そうだと思いますね。

質問R　今のやり取りを聞いて、アメリカの歴史学者ティモシー・スナイダーの新著『ブラック・アース』（未邦訳）を連想しました。この本で実証されている事実は、ナチスの時代のユダヤ人の虐殺の大半は、強制収容所の中でなされたわけではなく、その外で、しかもドイツの国外でなされた、ということです。どうして、そういう場所でなされたかというと、そこは、国家権力が及ぶ限界の外といいますか、国家が崩壊していたところだからです。スナイダーによれば、ユダヤ人の虐殺はドイツの国家が強すぎたためになされたのではなく、むしろ、国家が弱体化したところで生じている。そして、スナイダーによれば、同じことが、現在のルワンダやスーダンでの大虐殺でも言える。それらの大虐殺は、国家が完全に崩壊したことに伴う生存パニックに起因している。こうした論点は、先ほどの、積極的中立主義における援助という主題と通じるものを感じます。

大澤　すごく示唆的なコメントです。人は世界とか存在とかに対するベーシックトラストのようなものを失ったときに、とてつもなく残酷で非合理的な方法で、自分を守ろうとするのですね。逆に言えば、ベーシックトラストさえあれば、そこまでひどい虐殺などはなされない。積極的中立主義は、紛争下にある人たちに、ベーシックトラストを与えることだと言ってもよいかもしれません。ありがとうございます。スナイダーの『ブラック・アース』は、精読する必要がありそうです。

質問者S　消極的な形での正義という話に感銘を受けました。そういった思想というか、それを具体的な提案に落とし込んだときに、積極的中立主義とか国連の改革が出てくると思うのですが、自分の正義を絶対だと思わないということは、自らの正義を対象化するというか、反省的な意識がなければできないと思う。制度改革によってそうした意識を拡げていくのはもちろん可能だと思うのですが、それとは別に、そういう意識とか認識に、より多くの人が至れるようにするにはどうしたらいいのか、何かアイディアがあればお聞かせ下さい。

大澤　先ほど説明した、「媒介者に向けての説得」という作業が、逆説的に、自らの正義を相対化する作業になる、と思っています。ただ、正直にいうと、僕は、現代社会では、誰一人として自分の正義がほんとうには絶対だと信じていないのではないか、本音は相対主義者なのではないか、と思っています。ある意味で、その方が問題なのです。

たとえば、イスラーム原理主義者というのがいますね。彼らは、近代科学や近代社会の合理性とは異なる、イスラーム教の真理を絶対化している人だと普通は見なされていますが、僕は、そうではないと思います。その証拠は、彼らが、アメリカやヨーロッパのいわゆる先進国に対して羨望や恨みをいだいている、ということです。もし、彼らが、自分たちだけの真理を絶対化していて、それを信じているのであれば、他の世界観で動いている先進国のことを「かわいそうに真理を知らなくて」とか思うはずで、絶対に嫉妬しないはずです。ところがそうなっていないのは、彼らは、ほんとうは「原理主義者」ではないからです。同じことは、アメリカや先進国の側にも言える。どちらも、戦略的に「絶対的な正義」を信じているふりをしているだけだと思います。ですから、反省的な意識をもたせ、自分が掲げている正義に対して距離をもたせるまでは、そんなに難しくはないのです。すでにおおむねできているのですから。難しいのはその先で、それでもなお、正義がある、消極的な意味での正義がある、ということを納得させることです。そのための方法を、僕は提案したつもりです。

あとがき

本書には、私自身のものも含めて、憲法九条についての四つの提案が収録されている。四つは互いに排他的ではあるが、どれにも説得力がある。私はそのように思う。

と同時に、この国で一般に流通している「護憲／改憲」の対立だけが可能なすべての選択肢だと思っている人は、次のように感じるのではないか。本書で提案されているアイディアは、あまりに斬新で実現しそうもない、と。もちろん、そんなことは、私にも、いや私たちにも分かっている。いわゆる現実主義《リアリズム》の観点からは、ここに提案したようなことは実行に移されそうもなく、ほとんど不可能なことに見えるだろう、ということは。

しかし、そのことを自覚した上で、以下のように私は考える。まえがきで引用したように、夏目漱石は、『三四郎』の広田先生の口を通して、日本は亡《ほろ》びるだろうと予言し、三島由紀夫は、凄絶な自殺の数カ月前に、日本はなくなってしまうという憂慮を表明していた。彼らが言ったような意味における日本の滅亡・消滅は絶対に回避しなくてはならない。このことが、我々のいささかも譲歩することのできない究極の使命であるとすれば、少なくとも、本書に提案されている案に匹敵するレベルのラディカルな変革が必要である。

そうだとすると、現実主義の意味が反転する。ごく常識的で、いかにも実現できそうなことを実行するだけであれば、どちらにせよ、滅亡・消滅への歩みを止められない。土俵際まで来ているこの動きを大きく転換させるには、「そんなことは不可能だ」と見えるような思い切った選択が必要だ。つまり、日本の事実上の消滅を回避するという使命との関係では、むしろ、本書に提案されているような方法の方が現実的である。既存の価値観の枠内で利害関係の妥協を図るだけの、ちまちました、当たり前の選択を重ねるだけで、今の日本の進路を大きく変えることができると考えているとしたら、その方がはるかに非現実的ではないか。

さらに言っておきたい。仮に今は挫折するとしても、現在の我々のユートピア的な願望を表明しておくことには意義がある、と。その願望が討ち死にしたとしてもなお痕跡をとどめたことが、きっと未来世代を救い、また未来世代が、我々を挫折の底から救い出すことになるからだ。

＊

本書は、政府・与党によって集団的自衛権を認める解釈改憲がなされ、これに抗議する大規模なデモがまったく効力をもたなかったことを見た後に構想された。

発案したのは、筑摩書房編集部の石島裕之さんである。企画から、必要な資料の準備、その内容の要約、すべてにわたって石島さんにお世話になった。私は、石島さんの情熱と能力に驚いた。石島さんに、心よりのお礼を申し上げたい。

二〇一六年五月三日

大澤 真幸

大澤真幸（おおさわ・まさち）

一九五八年、長野県松本市生まれ。東京大学大学院社会学研究科博士課程修了。社会学博士。千葉大学文学部助教授、京都大学大学院人間・環境学研究科教授を歴任。思想誌『THINKING「O」』（左右社）主宰。専攻は比較社会学・社会システム論。著書に『ナショナリズムの由来』（講談社、毎日出版文化賞）、『夢よりも深い覚醒へ』『不可能性の時代』（以上、岩波新書）、『自由という牢獄』（岩波書店、河合隼雄学芸賞）、『増補　虚構の時代の果て』『恋愛の不可能性について』（以上、ちくま学芸文庫）、『ふしぎなキリスト教』（共著、講談社現代新書、新書大賞）ほか多数。

筑摩選書 0133

憲法《けんぽう》9条《じょう》とわれらが日本《にほん》　未来《みらい》世代《せだい》へ手渡《てわた》す

二〇一六年六月一五日　初版第一刷発行

編著者　大澤《おおさわ》真幸《まさち》

発行者　山野浩一

発行所　株式会社筑摩書房
東京都台東区蔵前二‐五‐三　郵便番号　一一一‐八七五五
振替　〇〇一六〇‐八‐四一二三

装幀者　神田昇和

印刷　製本　中央精版印刷株式会社

筑摩選書 0054

世界正義論

井上達夫

超大国による「正義」の濫用、世界的な規模で広がりゆく貧富の格差……。こうした中にあって「グローバルな正義」の可能性を原理的に追究する政治哲学の書。

筑摩選書 0059

放射能問題に立ち向かう哲学

一ノ瀬正樹

放射能問題は人間本性を照らし出す。本書では、理性を脅かし信念対立に陥りがちな問題を哲学的思考法で問い詰め、混沌とした事態を収拾するための糸口を模索する。

筑摩選書 0070

社会心理学講義
〈閉ざされた社会〉と〈開かれた社会〉

小坂井敏晶

社会心理学とはどのような学問なのか。本書では、社会を支える「同一性と変化」の原理を軸にこの学の発想と意義を伝える。人間理解への示唆に満ちた渾身の講義。

筑摩選書 0076

民主主義のつくり方

宇野重規

民主主義への不信が募る現代日本。より身近で使い勝手のよいものへと転換するには何が必要なのか。〈プラグマティズム〉型民主主義に可能性を見出す希望の書！

筑摩選書 0119

民を殺す国・日本
足尾鉱毒事件からフクシマへ

大庭 健

フクシマも足尾鉱毒事件も、この国の「構造的な無責任」体制＝国家教によってもたらされた――。その乗り越えには何が必要なのか。倫理学者による迫真の書！

筑摩選書 0127

分断社会を終わらせる
「だれもが受益者」という財政戦略

井手英策　古市将人
宮崎雅人

所得・世代・性別・地域間の対立が激化し、分断化が進む現代日本。なぜか？　どうすればいいのか？「救済」から「必要」へと政治理念の変革を訴える希望の書。